# 스웨덴어 쓰기

Skrivövningar på svenska

* 이 책은 2021년도 한국외국어대학교 교내학술연구비 지원으로 이루어진 것임.

# SKRIVÖVNINGAR
# 스웨덴어 쓰기
# PÅ SVENSKA

박현숙 지음

HU:iNE

# 머리말

스웨덴어 작문 강의를 하면서 오랫동안 교재에 대한 필요성을 느끼다가 『초급 스웨덴어 문법』(2015), 『중급 스웨덴어 문법 1』(2016), 『스웨덴어 문법: 조어론과 통사론』(2021) 출판을 마치고 이제야 작문 교재를 출판하게 되었다.

본 교재는 스웨덴어 기본 문법 실력과 어휘를 어느 정도 갖춘 학습자들을 대상으로 하고 있으며 스웨덴어 작문 강의를 들었던 학습자들의 실제 글을 바탕으로 구성하여 실생활에서 자주 사용되는 다양한 내용의 문장들을 활용하여 스웨덴어 글쓰기에 도움이 되도록 하였다. 스웨덴어 학습자들의 올바르고 실용적인 스웨덴어 쓰기 능력을 기르는 데 도움이 되길 바란다.

교재의 구성은 다음과 같다.

제1부 문장 쓰기 부분은 학습자가 각 품사와 어순의 기본적이고 중요한 특징을 잘 이해하고 작문을 할 수 있도록 각 분야별 문법 내용을 간단하게 요약 제시한 후 기본적인 문장 쓰기 연습으로 이어진다. 품사와 어순에 관한 자세한 문법 규칙은 『초급 스웨덴어 문법』, 『중급 스웨덴어 문법 1』과 『스웨덴어 문법: 조어론과 통사론』을 참조하기 바란다. 제2부 글쓰기 부분은 제1부보다 난이도가 높아진 단계로 실생활이나 친숙한 주제뿐만 아니라 학업과 관련한 주제에 관한 짧은 글과 비교적 긴 글을 작성하는 쓰기 연습으로 학습자들이 주제별 다양한 문장을 익힐 수 있게 하였다. 제3부 실용 글쓰기 부분에는 자기소개서와 비교적 복잡한 글 유형인 요약문과 주장문 쓰기도 포함되어 있다.

교재 전반에 걸쳐 쓰기 연습에 필요한 어휘와 보충 설명 등을 각주에 간단하게 제시하였으며 쓰기 연습 후에는 문법 지식을 복습하고 재강화할 수 있도록 오류가 있는 문장을 자연스럽고 문법적인 문장으로 만들어 보는 고쳐쓰기 연습을 첨가하였다. 또한 학습자 스스로 쓰기 연습을 한 후 본인의 문장/글을 비교, 참고할 수 있도록 예시 답안을 곁들였다.

교재 출판과 더불어 중급 스웨덴어 작문 강의에 참여하였던 모든 수강생들과 2022년 1학기 고급 스웨덴어 작문 수강생 김시우와 허수은에게 고마움을 전한다. 그리고 즐겁게 원고를 교정해 준 제자 윤여애와 송다경 그리고 스웨덴어 교정을 담당해준 Sven Jönson과 Marcus Mosesson에게 진심 어린 감사의 인사를 전한다. 마지막으로 교재의 편집에서 출판에 이르기까지 수고해 주신 한국외국어대학교 지식출판원 관계자 여러분께 진심으로 감사드린다.

2023. 06.

박현숙

# 차례



## I
## 문장 쓰기
### Övningar på meningsnivå

## II
## 글쓰기
## Övningar på textnivå



## III
## 실용 글쓰기
## Praktiska övningar

# I

# 문장 쓰기

# ÖVNINGAR PÅ MENINGSNIVÅ

# 1 명사 Substantiv

스웨덴어 명사는 크게 4가지의 특징이 있다.

**1.** 명사의 성이 존재한다. 성으로는 통성과 중성이 있다.

**2.** 명사의 단수와 복수의 형태가 다르다.

단수의 경우 통성명사 앞에 en, 중성명사 앞에 ett을 붙이기 때문에 흔히 통성명사를 en 명사, 중성명사를 ett 명사라고 한다 (예, *en* pojke/*ett* barn). 복수는 명사의 기본형 뒤에 복수형 어미를 붙여 표시한다. 명사를 복수형으로 만드는 어미는 5가지가 있다.

| 그룹 | 복수형 어미 | en 명사/ett 명사 | 단수 → 복수 |
|---|---|---|---|
| 1 | -or | en 명사 | en flicka → flick-*or* |
| 2 | -ar | en 명사 | en pojke → pojk-*ar* |
| 3 | -er | en 명사/ett 명사 | en banan → banan-*er* |
| 4 | -n | ett 명사 | ett äpple → äpple-*n* |
| 5 | -ø | ett 명사/en 명사 | ett barn → barn-*ø* |

**3.** 부정관사와 정관사가 있어 주어진 명사가 불특정 혹은 특정 명사임을 표시한다.

① 부정관사로는 en/ett이 있으며 en 명사 앞에 en을, ett 명사 앞에 ett을 표시하여 뒤에 오는 명사가 불특정 단수 형태임을 표시한다 (예, *en* bil/*ett* barn). 부정관사 복수형은 따로 없고 뒤에 오는 명사가 불특정 복수 명사임을 표시할 때는 명사 뒤에 복수형 어미를 붙인다 (예, bil-*ar*/äpple-*n*).

② 정관사에는 어말정관사와 독립정관사가 있다. 어말정관사는 명사가 특정 명사임을 표시할 때 사용된다. en 명사 단수 뒤에는 단수형 정형을 만드는 어말정관사 -(e)n을, ett 명사 뒤에는 -(e)t를 붙여 주어진 명사가 특정 단수 명사임을 표시한다 (예, bil-*en*/barn-*et*). 복수 명사에는 그룹에 따라 복수형 정형을 만드는 어말정관사를 붙여서 특정 복수 명사임을 표시해 준다.

| 그룹 | 부정형 복수 어미 | 정형 복수 어미 | 부정형 복수 → 정형 복수 |
|---|---|---|---|
| 1 | -or | -na | flick-or → flick-or-*na* |
| 2 | -ar | -na | pojk-ar → pojk-ar-*na* |
| 3 | -er | -na | banan-er → banan-er-*na* |
| 4 | -n | -a | äpple-n → äpple-n-*a* |
| 5 | -ø | -en | barn-ø → barn-ø-*en* |

독립정관사는 주어진 명사 앞에 형용사와 같은 수식어가 수반될 때 사용된다. en 명사 단수 정형에는 den이, ett 명사 단수 정형에는 det가, 복수 명사에는 명사의 성에 관계없이 모두 de이 사용된다 (예, *den* röda bilen/*det* röda huset/*de* röda bilarna/husen).

**4.** 명사의 소유격은 소유자를 표시하는 명사 뒤에 소유격 어미 -s를 붙여 만든다 (예, mannen-*s* bil). 사물이 소유자일 경우에는 전치사 + (소유자) 명사의 정형이 주로 사용되며 피소유물이 전치사 앞에 위치하게 된다 (예, sovrummet *i* lägenheten).

## 다음 문장을 스웨덴어로 작문하시오.

1. 스웨덴에는 스웨덴 사람들이 살고 스웨덴 사람들은 스웨덴어를 구사한다.

2. Hugo는 대학생이며 영국의 한 대학에서 경영학을 공부한다.[1]

3. Erik은 스톡홀름에 아파트가 있다.[2] Erik의 아파트는 스톡홀름 교외에 있다.[3]

4. 할머니의 아파트에는 3개의 방과 부엌이 있다.

5. Maria는 침실에 등을 하나 가지고 있다.

6. 등은 매우 멋지다. 등의 가격은 상당히 저렴하였다.

7. Hannah는 중학생이다. 취미는 피아노를 치는 것이다.[4]

1 동사 vara/bli 뒤에 오는 직업은 무관사이다. 2) '한 대학에서'의 '한'은 수사로 명사는 불특정 명사가 된다. 3) 대학생 studerande/student, 고등학생 student, 초등학교/중학교 학생 elev

2 1) 일반적으로 주격조사 '-이/-가'는 불특정 명사를 지칭할 때 사용되며 조사 '-은/-는'은 특정 명사를 지칭할 때 사용된다. 2) 경영학 (en) företagsekonomi

3 ~의 교외/외곽 en förort till ~

4 1) 동사 spela 다음에 악기/스포츠 등이 올 경우 명사는 무관사이다. 2) 중학생 en högstadieelev

8. Ellen은 카톨릭 신자로 매주 일요일 성당에 다닌다.

9. 여자친구는 진공청소기, 토스터기 그리고 전기거품기를 시내의 한 백화점에서 구입하였다.[5]

10. 덴마크의 수도는 코펜하겐이다.[6]

11. 아빠는 스마트시계가 있다.[7] 시계는 비싸다.

12. 상점에서는 펜, 지우개, 공책 등이 판매된다.[8]

13. 우리 이모는 아이가 없다.

14. Andreas는 직장에 전철로 간다.[9]

15. 레스토랑은 현대적이나 지저분하였다.

5 진공청소기 en dammsugare, 토스터기 en brödrost, 전기거품기 en elvisp, 백화점 ett varuhus
6 소유자 명사 뒤에 -s를 붙여 소유격을 만든다.
7 스마트시계 en smartklocka
8 지우개 ett suddgummi, 공책 ett anteckningsblock
9 ~을 타고 ~로 가다: åka + 운송수단 (무관사) till ~/ta + 운송수단 (정형/부정형) till ~

16. 그녀는 독일 차를 소유하고 있다.[10]

---

17. Sven은 어제 소설책 4권 도서관에서 빌렸다.[11]

---

18. 식탁 의자들이 불편하다.[12]

---

19. 그는 대학 졸업 후 현재 직업이 없다.[13]

---

20. David는 스웨덴 여러 도시에 슈퍼마켓을 가지고 있다.[14]

---

**10** 1) 독일 Tyskland 2) 독일의 tysk
**11** 소설(책) en roman
**12** 1) 사물이 소유자로 '피소유물 + 전치사 + 소유자 (정형)'의 형태로 만든다. 2) 불편한 obekväm
**13** 졸업 후 efter examen
**14** 슈퍼마켓 en mataffär

# 2 형용사 Adjektiv

스웨덴어 형용사의 가장 중요한 특징은 수식해 주는 명사의 성/수에 따라 그 형태가 변화된다는 것이다. 형용사의 용법에는 부가적 용법과 서술적 용법이 있다.

## 1. 부가적 용법

형용사가 뒤에 오는 명사를 수식하는 경우로 명사가 부정형/정형인지에 따라 활용 형태가 달라진다.

| 부가적 용법 | en 명사 | ett 명사 | 복수 |
|---|---|---|---|
| 부정형 활용 | -ø | -t | -a |
| | en fin-*ø* bil | ett fin-*t* hus | två fin-*a* bil-ar<br>två fin-*a* hus |
| 정형 활용 | -a | -a | -a |
| | den fin-*a* bil-en | det fin-*a* hus-et | de fin-*a* bil-ar-na<br>de fin-*a* hus-en |

## 2. 서술적 용법

형용사가 vara, bli 등의 동사 뒤에 위치하여 주어/목적어로 쓰인 명사/대명사에 대해 설명하는 주격/목적격 보어의 역할을 하는 경우로 이때 형용사는 명사/대명사의 성/수에 일치한다.

| | en 명사 | ett 명사 | 복수 |
|---|---|---|---|
| **서술적 용법** | -ø | -t | -a |
| | Bil-en är fin-*ø*. | Hus-et är fin-*t*. | Bil-ar-na är fin-*a*.<br>Hus-ø-en är fin-*a*. |

## 3. 비교급과 최상급

비교급과 최상급을 표현할 때도 형용사에 어미를 붙여 활용한다.

| | 비교급 | 최상급 | 최상급 정형 |
|---|---|---|---|
| 제1그룹 | fin-*are* | fin-*ast* | den/det/de fin-ast-*e* |
| 제2그룹 | stör-*re* | stör-*st* | den/det/de stör-st-*a* |
| 제3그룹 | äld-*re* | äld-*st* | den/det/de äld-st-*a* |
| 제4그룹 | *mer* praktisk | *mest* praktisk | den/det/de mest praktisk-*a* |

## ✏ 다음 문장을 스웨덴어로 작문하시오.

1. 집은 흰색이며 오래되었다.

2. 음식은 미지근하였으나 맛있었다.[1]

3. 남자는 스웨덴 사람이고 매우 젊어 보였다.[2]

4. 파란 버스는 사람들로 꽉 차 있었다.[3]

5. 아름다운 장미 감사해요.[4]

6. 새 백화점이 큰가요?

7. 친절한 여자는 이문동의 조그마한 카페에서 일한다.[5]

1 미지근한 ljum
2 ~하게 보이다/생기다 se 형용사 ut
3 ~로 가득하다 vara full med ~
4 ~가 감사하다/고맙다 tack för ~/vara tacksam för ~
5 이문동의 한 카페에서 일하기 때문에 불특정 단수로 표시한다.

8. 조그만 마을에는 흥미로운 상점들이 많이 있다.[6]

9. 저렴한 전자레인지는 잘 작동한다.[7]

10. 편지는 빨간 종이에 쓰여 있다.[8]

11. 많은 선생님들이 학기 중에 정신적으로 피곤함을 느낀다.[9]

12. 어제 중년의 남자가 나에게 시청으로 가는 길을 물었다.[10]

13. 새로운 서점이 어디에 있는지 알고 있니?[11]

14. 아빠 차는 엄마 차보다 덜 비싸다.[12]

6 마을 en by
7 전자레인지 en mikrovågsugn
8 bli/vara + 완료분사-수동형
9 1) 학기 en termin 2) 정신적으로 psykiskt/mentalt 3) ~을 느끼다 känna sig 형용사
10 중년의 medelålders
11 의문대명사 var로 시작하는 간접의문(종속)절
12 열등비교: ~보다 덜 ~하다 mindre + 형용사 (기본형) + än ~

15. 현대 예술에 관심이 있니?[13]

16. 받는 것보다 주는 것이 더 즐겁다.[14]

17. Pelle는 직장에서 키가 가장 크다.[15]

18. 만약 더 넓은 침대를 구입한다면 너는 잠을 더 잘 잘 거다.

19. 반에는 똑똑한 학생들이 많이 있다. 가장 똑똑한 학생은 Erik이다.

20. 소형차들은 이미 다 팔렸다.[16]

**13** 1) 현대예술 modern konst/samtidskonst (무관사) 2) ~에 관심/흥미가 있다 vara intresserad av ~

**14** 문장의 주어가 att + infinitiv처럼 긴 경우 가주어 det을 문장 앞에 위치시킨 후 긴 주어는 문장의 끝부분으로 배치시키는 것이 일반적이다.

**15** (키가) 큰 lång vs (크기가) 큰 stor

**16** 1) 다 팔다 sälja ut (구절동사) 2) 수동형 문장

# 3 대명사 Pronomen

## 1. 인칭대명사

주격과 (일반) 목적격이 있다. 3인칭의 경우 일반 목적격 외에 목적어가 주어와 같은 사람/사물인 경우 사용되는 재귀 목적격이 있다.

| | 주격 | 일반 목적격 | 재귀 목적격 |
|---|---|---|---|
| 1인칭 단수 | jag | mig | |
| 1인칭 복수 | vi | oss | |
| 2인칭 단수 | du | dig | |
| 2인칭 복수 | ni | er | |
| 3인칭 단수 | han | honom | sig |
| | hon | henne | sig |
| | den | den | sig |
| | det | det | sig |
| | man | en | sig |
| 3인칭 복수 | de | dem | sig |

## 2. 소유대명사

1인칭과 2인칭은 일반 소유대명사만 있으나 3인칭의 경우 일반 소유대명사 외에 재귀 소유대명사가 있다. 1인칭과 2인칭 일반 소유대명사는 형용사처럼 뒤에 오는 명사의 성/수에 일치한다. 재귀 소유대명사는 문장의 주어와 같은 사람/사물일 경우에 사용되며 일반 소유대명사와 같이 뒤에 오는 명사의 성/수에 일치한다.

| 인칭대명사 | 일반 소유대명사 | | | 재귀 소유대명사 | | |
|---|---|---|---|---|---|---|
| | en 명사 | ett 명사 | 복수 | en 명사 | ett 명사 | 복수 |
| jag | min | mitt | mina | | | |
| vi | vår | vårt | våra | | | |
| du | din | ditt | dina | | | |
| ni | er | ert | era | | | |
| han | hans | hans | hans | sin | sitt | sina |
| hon | hennes | hennes | hennes | sin | sitt | sina |
| den/det | dess | dess | dess | sin | sitt | sina |
| man | ens | ens | ens | sin | sitt | sina |
| de | deras | deras | deras | sin | sitt | sina |

## 3. 지시대명사, 부정대명사, 의문대명사

소유대명사와 마찬가지로 뒤에 오는 명사의 성/수에 일치한다.

| | en 명사 | ett 명사 | 복수 |
|---|---|---|---|
| 지시대명사 | den här | det här | de här |
| | den där | det där | de där |
| | den | det | de |
| | denna/denne | detta | dessa |

| | en 명사 | ett 명사 | 복수 | 단독형 |
|---|---|---|---|---|
| 부정대명사 | någon | något | några | någonting |
| | ingen | inget | inga | ingenting |
| | annan | annat | andra | |

| | en 명사 | ett 명사 | 복수 |
|---|---|---|---|
| 의문대명사 | vem (사람) | vad (사물) | vilka (사람)/vad (사물) |
| | vilken | vilket | vilka |
| | vems | vems | vems/vilkas |

## 4. 관계대명사

관계대명사 som은 선행사의 성/수에 관계없이 사용되는 반면 선행사의 성/수에 따라 형태가 다른 vilken/vilket/vilka는 문어체에서 많이 사용된다.

| 주격 | 목적격 | 소유격 |
|---|---|---|
| som | (som) | vars |
| vilken/vilket/vilka | vilken/vilket/vilka | vars |

관계대명사 som은 vilken/vilket/vilka와 달리 대명사 앞에 전치사를 수반할 수 없으며 관계절에 전치사가 있을 경우에 관계대명사 som과 분리시켜 맨 끝에 배치한다.

*Jag har en granne *med* som jag brukar prata.
Jag har en granne som jag brukar prata *med*.

Jag har en granne vilken jag brukar prata *med*.
= Jag har en granne *med* vilken jag brukar prata.

## 다음 문장을 스웨덴어로 작문하시오.

1. 그는 우리와 여러 차례 이야기를 했다.

2. 나는 주말에 그녀와 영화관에 가고 싶다.[1]

3. 그들이 지금 무엇을 하는지 말해줘!

4. 내 안경이 안 보이네.[2] 어디에 있지?

5. 그녀의 친구들은 어디로 갔어?[3]

6. 왜 어제 나에게 전화 안 했니?

7. 그녀는 내일 시내에서 아들들을 만날 거다.[4]

8. 내 목도리는 회색이고 네 목도리는 검은색이다.[5]

1 주말에 under helgen
2 안경 (ett par) glasögon
3 목적지를 묻는 장소 의문사 vart
4 재귀 소유대명사: 그녀의 아들들
5 목도리 en halsduk

9. 가구는 그들의 것이 아니라 우리 것이다.

10. 부부는 그의 차를 빌렸다.[6]

11. 문은 어디에 있니? 찾을 수가 없어.

12. 그는 내가 먼저 그를 도와줄 것을 말했다.

13. 이 아이는 저 아이를 안다.[7]

14. 목이 말라. 냉장고에 마실 것이 있니?

15. 나는 말할 친구가 학교에 없다.

16. 그는 내가 전에 들어 보지 못한 노래를 불렀다.

6 부부, 연인 ett par

7 사실 (fakta), 진리 등을 알 때는 동사 veta를, 사람을 알 때에는 동사 känna를 사용한다.

17. 일 년 전에 구입한 컴퓨터가 망가졌다.[8]

18. 그들은 아파트에 욕실 두 개를 가지고 있다. 두 개 다/둘 다 매우 지저분하다.[9]

19. 우리 부모님들은 차를 가지고 싶어 하지 않는다.[10]

20. 저쪽에 서 있는 키 큰 남자는 누구니?

8 컴퓨터 en dator

9 두 개이면 bägge/båda를, 세 개 이상이면 alla를 사용한다. 반복되는 명사는 생략 가능하다.

10 주절: 부정대명사 ingen 용법

# 4 수사 Räkneord

수량을 나타내는 기수는 연도, 나이, 연산, 시간 표현 등에 사용된다. 기수에 -de/-te/-dje/-nde 등의 어미를 붙여 만드는 서수는 날짜 등 순서를 표시할 때 사용된다. 기수에 -a가 붙으면 아파트 유형, 학년, 등수, 버스 노선 등을 표현하는 명사가 된다(예, (en) ett-a 원룸 아파트, 1학년, 1등).

다음 문장을 스웨덴어로 작문하시오.

1. 2007년생인 Felix는 11월에 15살이 된다.[1]

2. 올해에는 32명의 신입생들이 스웨덴어를 공부한다.[2]

3. 1시 35분에 사이버관 앞에서 만날까?[3]

4. 13 더하기 28은 41이다.[4]

5. 나는 아침 7시 45분에 아침을 먹곤 한다.[5]

6. A: 내일이 며칠이지?
B: 9월 17일이야.[6]

7. 우리 손주는 2005년 4월 18일에 태어났다.[7]

1 2007년생 07 (nollsju) + -a
2 신입생 en ny student
3 시간 표현: 3시 35분 fem över halv fyra
4 더하기 plus
5 시간 표현: 1시 45분 kvart i två
6 날짜는 서수로 앞에 독립 정관사 den을 붙인다.
7 출생을 표현하는 동사의 시제는 현재이며 연도 앞에 전치사가 사용되지 않는 것에 유의한다.

8. 스웨덴의 가장 유명한 작가 August Strindberg는 1849년에 태어났다.[8]

9. Anton은 케이크의 2/3를 먹었다.[9]

10. 서울-스톡홀름행 왕복 항공권은 약 100만 원이다.[10]

8 1) 고인의 출생을 표현할 때는 과거 시제가 사용된다. 2) 유명한 känd/berömd 3) 작가 en författare

9 분자는 기수로, 분모는 서수 + -del로 표시한다.

10 1) 왕복 tur och retur 2) 항공권 en flygbiljett

# 5 동사 Verb

## 1. 시제 활용

동사의 과거시제 활용을 기준으로 동사의 어간 뒤에 과거형 어미 -(d)de를 첨가해서 과거형을 만드는 동사(1-3그룹), 어간모음을 변화하여 과거형을 활용하는 동사(4그룹)와 불규칙동사로 나뉜다. 현재형은 동사의 어간 뒤에 어미 -(e)r를 붙인다.

| 그룹 | 부정형 | 어간 | 현재형 | 과거형 | 완료형 |
|---|---|---|---|---|---|
| 1 | tala-*ø* | tala | tala-*r* | tala-*de* | tala-*t* |
| 2 (1)[1] | ställ-*a* | ställ | ställ-*er* | ställ-*de* | ställ-*t* |
| (2)[2] | köp-*a* | köp | köp-*er* | köp-*te* | köp-*t* |
| 3 | tro-*ø* | tro | tro-*r* | tro-*dde* | tro-*tt* |
| 4 | skriv-*a* | skriv | skriv-*er* | skrev | skriv-*it* |
| 불규칙동사 | säg-a | säg | säg-er | sa-de | sagt |

1 어간이 유성음으로 끝나는 동사

2 어간이 무성음 (-k/-p/-s/-t/-x)로 끝나는 동사

## 2. 현재분사와 완료분사

① 현재분사

제1, 2, 4그룹은 어간 뒤에 어미 -(a)nde가, 제3그룹과 소수의 제4그룹 동사는 어간 뒤에 -ende가 붙어 만들어지고 형용사, 명사 등의 기능을 한다.

| | 현재분사 | 예 |
|---|---|---|
| 제1그룹 | -nde | studera-*nde* |
| 제2그룹 | -ande | läs-*ande* |
| 제3그룹 | -ende | tro-*ende* |
| 제4그룹 | -ande/-ende | spring-*ande*/gå-*ende* |

② 완료분사

제1, 2, 3그룹은 어간 뒤에 -(d)d/-t가, 제4그룹 동사는 완료형 어미가 탈락된 후 -en이 붙어 만들어진다. 현재분사와 달리 성/수 활용하는 것이 특징이며 수동형 문장에 많이 사용된다. 복수형 어미와 정형 어미가 동일함에 유의한다.

| | 부정형 | 완료분사형 | | |
|---|---|---|---|---|
| | | en 명사 | ett 명사 | 복수 및 정형 |
| 제1그룹 | arbeta | arbeta-*d* | arbeta-*t* | arbeta-*de* |
| 제2그룹 | ställ-a | ställ-*d* | ställ-*t* | ställ-*da* |
| | köp-a | köp-*t* | köp-*t* | köp-*ta* |
| 제3그룹 | tro-ø | tro-*dd* | tro-*tt* | tro-*dda* |
| 제4그룹 | frys-a | frus-*en* | frus-*et* | frus-*na* |

## 3. 수동형

① s-수동형

동사의 부정형, 과거형, 완료형 뒤에 -s를 붙여 만든다. 현재형은 현재형 어미 -(e)r를 탈락시킨 후 -s를 붙인다(예, Burkar med surströmming bör öppna-s utomhus).

| | 부정형 | 현재형 | 과거형 | 완료형 |
|---|---|---|---|---|
| 제1그룹 | baka-s | baka-s | baka-de-s | baka-t-s |
| 제2그룹 | stänga-s | stäng-(e)s | stäng-de-s | stäng-t-s |
| | köpa-s | köp-(e)s | köp-te-s | köp-t-s |
| 제3그룹 | sy-s | sy-s | sy-dde-s | sy-tt-s |
| 제4그룹 | skriva-s | skriv-(e)s | skrev-s | skriv-it-s |

② bli/vara + 완료분사-수동형

동사 bli 또는 vara 와 완료분사가 결합하여 수동문을 만든다(예, Bilen *blev stulen* i tisdags).

일반적으로 s-수동형으로 전환이 가능하지만 bli/vara + 완료분사-수동형은 행위/사건의 발생에 초점이 맞추어지고 과정, 변화가 중요하기 때문에 전환에 제약이 있다.

Svenskan *talas* främst i Sverige.

*Svenskan *är/blir talad* främst i Sverige.

## 다음 문장을 스웨덴어로 작문하시오.

1. Sven은 면도를 하기 위해 욕실로 들어간다.

2. Ulf는 아침 일찍 일어나서 신문을 읽었다.[3]

3. 우리는 내일 비행기로 Malmö에 간다.

4. 그녀는 여기에서 남자친구를 3시간 동안 기다렸다.[4]

5. 어제 도와줘서 고마웠어.

6. 내년에 여동생을 뉴욕에서 만나고 싶다.[5]

7. 우리 수학 선생님은 7년 전에 스웨덴으로 오셨다.[6]

8. Andreas는 노르웨이에 여러 번 가 봤다.[7]

3 일어나다/기상하다 stiga upp/gå upp
4 말하는 시점 이전에 시작되어 현재까지 지속되는 행위로 문장의 시제는 현재완료이다.
5 여동생 en lillasyster, 남동생 en lillebror
6 수학 선생님 en mattelärare
7 과거의 경험을 표현하므로 문장의 시제는 현재완료이다.

9. 스웨덴은 겨울에 눈이 많이 온다.

10. 아이들은 자주 배가 고프다.

11. 어디에서 커피를 샀어요?

12. Roger는 매일 TV를 끄는 것을 잊는다.[8]

13. 어제 Robert 교수가 회의에 오지 않았다.

14. Kristina는 집에서 지금 뭐 하니?

15. 대학에서는 스웨덴어와 덴마크어 강의가 행해진다.[9]

16. 학기마다 여러 명의 한국 학생들이 교환학생으로 받아들여지고 있다.[10]

8 1) 습관이나 반복되는 행위를 표현할 때 현재시제가 사용된다. 2) 끄다 stänga av

9 1) 행위의 주체가 중요하지 않을 때 s-수동형을 사용한다. 주어가 man인 능동형 문장도 가능하다. 2) 강의 (en) undervisning

10 1) 교환학생 en utbytesstudent 2) 받아들이다 ta emot

17. 3개의 메일이 불만 있는 한 회원에 의해 작성되었다.[11]

18. 몇 명이 저녁에 초대되었니?

19. 다음 주 수요일 같은 시간 같은 장소에서 만날까?[12]

20. 나는 오늘 아침 길에서 달리기를 하는 동료를 만났다.[13]

**11** 1) 메일 ett mail/mejl 2) 불만 있는 klagande 3) 회원 en medlem
**12** 서로 만나다 (상호동사) se-s/träffa-s
**13** 동료 en kollega

# 6 부사 Adverb

부사에는 의문(부)사, 시간부사, 장소부사, 문장부사가 있다. 일부 의문(부)사(var, vart, varifrån)와 장소부사(예, här, hit, härifrån)는 주어의 시공간적 존재 및 상태를 표현하는 존재부사로 사용될 때와 주어의 이동방향, 예를 들면 목적지와 출발지 등을 표현하는 이동부사로 사용될 때의 형태가 다름에 유의한다.

장소 간 이동을 전제하지 않는 상태/존재동사가 사용되는 경우에는 존재부사가 사용된다.

*Var* ligger Stadsbiblioteket?
*Här* sitter jag och väntar på henne.
Nils bor fortfarande *hemma* hos föräldrarna.
Om du måste vara *ute* är det bra att inte vara *ute* länge.

장소 간 이동을 표현하는 이동동사가 사용되는 경우에는 이동부사가 사용된다.

*Vart* ska ni resa på semestern?
Min dotter kommer snart att flytta *hemifrån*.

Han ska åka *dit* i morgon.

Gå *in* och värm er!

## 다음 문장을 스웨덴어로 작문하시오.

1. 언제 저녁을 먹을까?

2. Henrik은 어디 출신이니?[1]

3. 왜 덴마크 영화를 좋아하니?

4. 전에 거기에 가본 적이 있니?[2]

5. 그의 딸은 방금 여기에 있었다.

6. 우리 가족은 여름에 그곳으로 자주 여행을 간다.[3]

7. 요즈음 많은 사람들이 집에서 일을 한다/재택근무를 한다.[4]

8. 조금만 더 기다려! 기차가 곧 도착해.[5]

**1** 출신이나 근원을 물을 때 사용되는 의문사 varifrån
**2** 존재동사와 사용되는 장소부사 där
**3** 이동동사와 사용되는 장소부사 dit
**4** 1) 요즈음 numera/nu/nu för tiden/för närvarande 2) 재택근무를 하다 arbeta hemifrån
**5** 도착하다 komma fram/ankomma

9. 하루에 양치를 몇 번 해야 할까?[6]

10. 남편은 집에 없다. 밖에서 조깅을 한다.[7]

6 빈도 표현: i/om + 명사 정형, per + 명사 부정형 (예, i månaden/om året, per månad/år)

7 1) 남편 en man 2) 조깅하다 springa/jogga

# 7 전치사 Prepositioner

전치사에는 장소전치사와 시간전치사가 있다. i와 på는 가장 많이 사용되는 전치사로 용법의 차이를 명확히 아는 것이 중요하다.

| | i | på |
|---|---|---|
| 장소전치사 | (입체적) 공간: ~ (안)에(서)<br>*i* huset | 평면 공간: ~ 위에, ~ 층에<br>*på* bordet<br><br>(특정한 용무와 관련이 있는) 기관 등<br>*på* biblioteket/banken/stationen/universitetet/sjukhuset/restaurangen<br>(예외: *i* kyrkan/skolan/affären) |
| | 도시/지역/지방/국가/대륙<br>*i* Solna/Oslo/Danmark/Europa | 거리/광장/섬<br>*på* Kungsgatan/Hötorget/Gotland<br><br>교통수단<br>*på* bussen/tunnelbanan/planet/båten |
| 시간전치사 | | 하루 중 일부, 요일, 계절, 명절 등<br>*på* morgonen/kvällen/tisdag/sommaren/julen<br>(예외: *i* april) |

| | | |
|---|---|---|
| | 기간 (긍정문)<br>Jag har last danska (*i*) ett år nu. | 기간 (부정문)<br>Jag har inte sett henne *på* länge.<br>기한 (동작이 완료될 때까지 소요되는 시간)<br>Sven läste boken *på* en timme. |
| | 빈도<br>en gång *i* timmen/veckan/månaden<br>(예외: *om* dagen/dygnet/året) | |

또한 과거, 현재, 미래 등을 표시하는 시간전치사의 용법이 독특하기 때문에 올바르게 사용해야 한다 (예, *i* somras, *i* sommar, *i/till* sommar).

| | i (과거) | i (현재) | i (미래) | på<br>(일반적인 시간/반복)[1] |
|---|---|---|---|---|
| 아침 | *i* går<br>*i* förrgår<br>*i* morse<br>*i* går morse | *i* dag | *i* morgon<br>*i* övermorgon<br>*i* morgon bitti<br>*på* lördag morgon | *på* morgonen<br>*på* morgnarna |
| 오전/오후 | *i* förmiddags | *i* eftermiddag | *i* förmiddag | *på* förmiddagen<br>*på* eftermiddagarna |
| 저녁 | *i* går kväll | *i* kväll | *i* kväll<br>*i* morgon kväll | *på* kvällen<br>*på* kvällarna |
| 밤/새벽 | *i* natt | *i* natt | *i* natt | *på* natten<br>*på* nätterna |
| 요일 | *i* måndags | | *på* måndag | *på* måndagarna |
| 계절/휴일 | *i* somras<br><br>*i* påskas | *i* sommar<br><br>*i* påsk | *i* sommar<br>*till* sommaren<br>*i* påsk<br>*till* påsken | *på* sommaren<br>*på* somrarna<br>*på* påsken<br>*på* påskarna |
| 해/연 | *i* fjol (förra året) | *i* år | (nästa år) | |

1 아침에 på morgonen, 아침마다/매일 아침 på morgonarna

다음 문장을 스웨덴어로 작문하시오.

1. Ellen과 그녀의 남편은 결혼한 지 20년 되었다.[2]

2. 이번 여름에는 무엇을 할 거니?

3. 지난 크리스마스에 그는 친구들과 스키를 탔다.

4. 숙제를 30분 내에 할 수 없다.[3]

5. 우리는 4달 후에 스웨덴의 Lund에 갈 것이다.[4]

6. 우리 아빠는 커피를 하루에 3잔 마신다.[5]

7. 주말에 나는 지방에 사는 부모님 댁에서 지냈다.

8. 영국 출신인 John은 현재 Uppsala 대학에서 정치학을 공부한다.[6]

2 시간전치사: ~ 동안 i/under ~
3 1) 숙제하다 göra en läxa/läxor 2) 시간전치사: ~ 내에 på/inom ~
4 시간전치사: ~후에 om ~
5 빈도전치사: ~에 i/om ~
6 1) ~ 출신이다 komma/vara från ~ 2) 장소전치사: vid/på 대학 3) 정치학 (en) statsvetenskap

9. 그녀는 약혼자와 부활절 전에 결혼하고 싶다.[7]

10. 문밖에 한 남자가 서 있다.[8]

7 1) 약혼남 en fästman, 약혼녀 en fästmö 2) 시간전치사: ~전에 före ~

8 장소전치사: ~밖에 utanför~

# 8 접속사 Konjunktioner

접속사에는 등위접속사와 종속접속사가 있다. 접속사의 종류에 따라 어순이 달라질 수 있기 때문에 주어진 접속사가 등위접속사인지 종속접속사인지 아는 것이 매우 중요하다. 대표적인 등위접속사로는 och, men, för, eller, så, utan이 있다. 종속접속사는 등위접속사보다 다양하며 예로는 att, om, som, när, därför att, eftersom이 있다.

## ✏ 다음 문장을 스웨덴어로 작문하시오.

1. 나는 화장을 먼저 하고 그러고 나서 옷을 입는다.[1]

2. 남자는 나이가 많지만 여전히 낚시하는 것을 좋아한다.[2]

3. 우리 딸은 한국이 아니라 스웨덴에서 태어났다.[3]

4. 커피를 많이 마셔서 어젯밤에 잠을 잘 수가 없었다.[4]

5. 그것을 할 수 없어서 안 하는 거야 아니면 하기 싫어서 안 하는 거야?[5]

6. 오늘 몸이 좋지 않아 집에 있기로 결심했다.[6]

7. 저녁을 먹기 전에 청소를 했다.[7]

1 1) 등위접속사 (첨가): och 2) 화장하다 sminka sig
2 등위접속사 (반대): men
3 등위접속사 (반대): ~이 아니라 ~이다 inte ~ utan ~
4 1) 등위접속사 (결과/결론): så 2) 원인 종속접속사: ~하기 때문에 eftersom/därför att ~
5 등위접속사 (대안): eller
6 ~을 결심/결정하다 bestämma sig för att ~
7 시간 종속접속사: ~ 하기 전에 innan ~

8. 한국에 있는 동안 한국어를 배우고 싶다.[8]

9. 빨래한 후 슈퍼마켓에 가서 장을 봐야 한다.[9]

10. 고등학교를 졸업할 때까지 Ludvig은 부모님과 함께 살았다.[10]

11. 숙제를 마치기 전에는 컴퓨터 게임을 할 수 없다.[11]

12. 우리 아빠는 담배를 피우지도 술을 마시지도 않는다.[12]

13. 겨울이 오면 스키를 탈 수 있다.[13]

14. 남편은 시간이 있으면 나를 도와준다.[14]

15. 우리는 손님들이 가고 난 후에 산책을 하였다.

**8** 시간 종속접속사: ~ 하는 동안 medan ~
**9** 시간 종속접속사: ~ 한 후에 efter (det) att/när/sedan ~
**10** 1) 시간 종속접속사: ~ 할 때까지 tills ~ 2) 고등학교를 졸업하다 ta studenten
**11** 1) 시간 종속접속사: (주절이 부정문일 때) ~ 하기 전에 (inte) ~ förrän ~ 2) 컴퓨터 게임 ett dataspel
**12** 등위접속사 (대안): 두 개의 대안 중 어느 것도 해당하지 않을 때 varken ~ eller ~
**13** 시간 종속접속사: ~ 할 때/~이 오면 när ~
**14** 조건 종속접속사: 만약에 ~ 한다면 om/ifall ~

16. 내일 영어 시험이 있는데도 Axel은 공부를 하지 않는다.[15]

17. 너를 다시 볼 수 없다 할지라도 결코 너를 잊지 않을 거야.[16]

18. 학생들이 더 잘 이해할 수 있도록 선생님은 그것을 반복하였다.[17]

19. 필요하면 다시 연락해![18]

20. 피곤하다고 그가 말했다.[19]

15 양보 종속접속사: ~에도 불구하고 trots att/fastän/fast ~
16 양보 종속접속사: ~ 한다 할지라도 även om ~
17 목적 종속접속사: ~ 하도록, ~ 하기 위하여 för att/så att ~
18 연락하다 höra av sig
19 일반 종속접속사 att ~

# 9 문장 순서 Ordföljd

스웨덴어의 기본 어순은 주어(S)-동사(V)-목적어(O) 순이며 자유롭게 바뀔 수 없다. 주어와 동사의 순서가 문장 유형(예, 평서문, 의문문)과 문장 내 종속관계(주절 및 종속절)를 구분하는 데 매우 중요한 역할을 한다.

스웨덴어의 모든 문장에는 반드시 주어가 있어야 한다. 한국어의 경우 말하는 사람과 듣는 사람이 알고 있거나 문맥상으로 추정이 가능한 경우 주어를 생략해도 무방하나 스웨덴어 문장에서는 주어가 절대 생략될 수 없다.

## 1. 문장 유형

① 평서문과 의문사 의문문: 동사는 항상 문장 두 번째에 위치한다.

평서문: Hannah har faktiskt läst franska hemma idag.
(har = 2)

의문사 의문문: Vad gör du hemma nu?
(gör = 2)

② 명령문과 예/아니오 의문문: 동사가 문장 맨 앞에 온다.

예/아니오 의문문: Lagar din man aldrig mat hemma?
1

명령문: Lyssna (ni)!
1

## 2. 주절과 종속절

스웨덴어에서는 주절과 종속절의 구별이 매우 중요한데 이는 주절의 어순과 종속절의 어순이 다르기 때문이다. 주절과 종속절을 구별하는 중요한 차이점으로는 다음이 있다.

① 주절은 스스로 문장을 구성할 수 있으나 종속절은 스스로 문장을 구성할 수 없으며 주절의 문장성분의 기능을 한다.[1]
② 주절은 어떠한 문장성분으로도 시작될 수 있으나 종속절은 반드시 종속접속사로 시작된다.
③ 주어가 아닌 다른 문장성분으로 주절이 시작되면 주절은 동사 + 주어의 도치문의 형태인 반면 종속절은 항상 주어 + 동사의 정치문의 형태를 지니고 있다.
④ 주절에서는 inte를 비롯한 문장부사(SA)가 동사 뒤에 위치하지만, 종속절에서는 동사 앞에 위치한다.
⑤ 주절에는 동사가 반드시 존재해야만 하는 반면 종속절에서는 동사가 완료형을 동반하는 har 혹은 hade인 경우 생략될 수 있다.

Min man lagar faktiskt inte mat hemma så ofta.
S V **SA**

Jag tycker inte om att min man inte lagar mat hemma så ofta.
S **SA** V

1 일반적으로 종속절은 주절의 내용을 보충하는 (시간, 장소, 원인 등의) 부사어의 기능을 한다.

## 다음 문장을 스웨덴어로 작문하시오.

1. 새 역사 선생님이 내일부터 강의를 하신다.[2]

2. 어제 아팠어요?[3]

3. 이 영화는 제목이 뭐에요?[4]

4. 열이 나면 집에 있어요![5]

5. 왜 우리는 모든 학생이 돌아올 때까지 기다릴 수 없어요?

6. 내일 비가 오지 않으면 우리는 부산에 갈 생각이다.[6]

7. 차가 망가져서 우리는 어제 부모님을 방문할 수 없었다.[7]

2 1) 평서문 2) 역사 선생님 en historielärare
3 예/아니오 의문문
4 의문사 의문문
5 1) 명령문 2) 열이 나다/있다 ha feber
6 ~ 할 생각이다 tänka/ska, planera att ~
7 망가지다 gå sönder

8. Alice에게 청하면 아마도 내일 네 생일파티에 올 거야.[8]

9. Mikael이 여전히 같은 회사에서 근무하는지 아세요?

10. Sven이 Anna가 아마도 점심 전에는 집에 올 거라고 말했다.

11. 겨울에 노르웨이에 눈이 자주 오나요?

12. 아침마다 나와 남편은 발코니에서 커피를 마신다.

13. 스웨덴어를 할 수 없는 학생이 여기에 몇 명인가요?

14. 왜 선거 결과에 만족하지 않아요?[9]

15. 내일 아침 저를 깨우지 말아 주세요![10]

8 생일파티 ett födelsedagskalas
9 1) ~에 만족하다 vara nöjd med ~ 2) 선거 결과 ett valresultat
10 정중한 부탁 var snäll och + 명령문/명령문, + är du snäll

16. Johan은 한국에 오기 전에 한국에 대해 전혀 알지 못했다.

17. 백화점에서 구매하는 것보다 인터넷에서 구매하는 것이 훨씬 저렴하다.[11]

18. Erik은 되도록 일찍 집에 가려고 열심히 일했다.[12]

19. 연습을 하면 할수록 수영을 더 잘할 수 있다.[13]

20. 학급 친구들이 너에게 친절하다고 정말 생각하니?

**11** 가주어 det로 문장을 만든다.
**12** 되도록/가능한 ~ så ~ som möjligt
**13** 1) 비교 종속절: ~ 하면 할수록 더욱더 ~ 하다 ju + 형용사 비교급 + 주어 + 동사, desto + 형용사 비교급 + 동사 + 주어 2) 인터넷에서 구매하다 handla/köpa på nätet

# 10 추가 문장 쓰기 Extra övningar

우리말 문장을 스웨덴어로 작문하시오.

1. Henrik은 보통 아침 여섯 시 반에 기상한다.

2. Fredrik은 월요일마다 강의를 듣거나 도서관에서 공부를 한다.[1]

3. 우리 아이들은 아침 일찍 밖에 나가서 하루 종일 밖에 있다.[2]

4. 스웨덴 남자는 일본어가 아니라 한국어를 2년 동안 공부할 계획이다.[3]

1 1) 강의 en lektion/en föreläsning 2) 강의가 있다 ha lektion/lektioner
2 존재/이동 장소부사 ute/ut
3 등위접속사: ~이 아니고 ~이다 inte ~ utan ~

5. Alice는 남편을 전혀 사랑하지 않는다.[4]

6. 나는 내일 책 4권과 펜 여러 개를 살 것이다.

7. 이번 크리스마스에 노르웨이에서 일하는 아빠를 만나고 싶다.

8. 초등학교 3학년에 다니는 우리 딸은 영어를 잘한다.[5]

9. 오늘 나에게 5만 원을 빌려줄 수 있니?[6]

10. 어제 이웃이 우리에게 하얀색 책상과 검은색 의자 4개를 주었다.[7]

11. 어디에서 파란 장미를 살 수 있니?

12. Jonas의 부인은 한국 친구들을 만나러 3일 전에 코펜하겐에 갔다.

4 재귀 소유대명사: sin

5 1) 초등학교 3학년 årskurs (åk) 3/3:e årskurs/3an/3:e klass i grundskolan 2) ~을 잘하다 vara duktig/bra på ~

6 돈을 ~에게 빌려주다 låna ut pengar till någon/låna någon pengar

7 형용사 부가적 용법: 부정형 활용

13. 우리 엄마는 토요일마다 전화를 한다.

14. 피곤한 학생은 선생님의 질문에 답을 하지 않았다.

15. 학생 식당이 어디에 있는지 아니?[8]

16. 아침 6시 15분에 시계가 울리지만 나는 엄마가 7시에 깨울 때까지 누워있다.

17. Filip은 선생님과 반 친구들이 다정하지 않아 학교를 싫어한다.[9]

18. 덴마크어를 공부하면 할수록 재밌다. 나는 계속 공부하고 싶다.[10]

19. 노르웨이는 스웨덴보다 작지만 덴마크보다 크다.

20. 이미 많은 스웨덴 아동도서가 한국어로 번역되었다.[11]

**8** 학생 식당 en studentmatsal

**9** 싫어하다 ogilla/tycka inte om vs 증오하다 hata

**10** 목적어가 생략된 문장으로 대명사를 사용하여 목적어를 표시한다.

**11** 1) 아동도서 en barnbok 2) 번역하다 översätta

21. 나는 내 여자친구의 새로운 직업이 매우 흥미롭다고 생각한다.[12]

22. 상점에는 여러 종류의 소파가 있는데 왜 이 불편한 소파를 골랐니?[13]

23. 영어 문법이 스웨덴어 문법보다 덜 어렵니?[14]

24. 우리는 술에 취한 사람들을 길에서 많이 보았다.[15]

25. 봄학기에는 40명의 학생들이 초급 스웨덴어를 공부한다.[16] 그중의 2명은 외국 학생이다.[17]

26. Anna와 딸들은 내일 숲에서 블루베리를 딸 생각이다.[18]

12 '생각하다'를 의미하는 스웨덴어 동사로는 tro, tycka, tänka가 있다. 동사 tro는 확실하지 않지만 가능성 있는 사실을 기술할 때 사용되며, 동사 tycka는 말하는 사람의 의견을 표현할 때 사용된다. 동사 tänka는 뭔가를 생각할 때 사용된다.
Jag tror att det kommer att snöa i dag. 나는 오늘 눈이 올 거라고 생각해.
Jag tycker att filmen var tråkig. 나는 영화가 지루했다고 생각해.
Tyst! Jag tänker nu. '조용히 해. (나는) 지금 생각하고 있어.

13 1) 여러 종류의 olika typer av ~/olika sorters ~ 2) 지시대명사 용법

14 1) 영어 문법 engelsk grammatik/den engelska grammatiken 2) 열등비교: 덜 ~

15 술 취한 full/berusad

16 1) 봄학기 en vårtermin 2) 초급 för nybörjare 3) 강의명: 고유명사

17 외국의 utländsk

18 1) 블루베리 (ett) blåbär 2) ~을 따다 plocka ~

27. A: 몇 시에 저녁을 먹니?
B: 7시경에 먹어.[19] 너는?

28. 오늘 스웨덴어 수업은 평소보다 빨리 시작한다.[20]

29. 스웨덴 국왕은 작년 4월 30일 토요일에 60세가 되었다.[21]

30. 밤에 혼자 택시를 타는 것은 안전하니?[22]

31. 귀여운 아이는 사과 반쪽과 바나나 1/3을 먹었다.[23]

32. 일 년은 12개월이며 52주이다.

19 ~시경 vid ~tiden
20 스웨덴어 수업 en svensklektion/svenskalektion/lektion i svenska
21 요일: 특정 요일로 정형임을 유의한다.
22 1) 가주어 det 사용 2) ~(운송수단)을 타다 åka + 무관사 명사 (åka buss), ta + 명사 정형 (ta bussen)
23 분수 1/3: 분자는 기수로, 분모는 서수 + -del로 표시한다.

33. 아파트에는 거실이 하나 있다. 거실에는 소파와 탁자가 있다. 소파에는 고양이가 누워 자고 있다.[24]

34. 그녀는 나에게 어떻게 그녀와 남편이 만났는지를 말해주었다.[25]

35. 우리 부모님은 몇 년 후 시골에서 살 수 있기를 희망한다.

36. 맛있는 점심을 먹은 후 그들은 한강을 따라 산책을 하였다.[26]

37. 할 일이 너무 많아서 겨울방학이 매우 짧았던 것처럼 느껴졌다.[27]

38. A: 스웨덴어를 할 수 있니? B: 응, 할 수 있어.[28]

39. Greta는 엄마에게 냉장고에 딸기가 남아 있는지를 물었다.[29]

24 상대방이 알지 못하는 사람이나 사물이 대화나 글에 처음으로 등장할 때에는 명사의 부정형을, 이미 알고 있을 때에는 명사의 정형을 사용한다.
25 ~에게 말하다 berätta för ~/säga till ~/tala om för ~
26 장소전치사: ~을 따라 längs ~
27 ~인 것처럼 느껴지다 det kännas som om ~
28 대답문은 det로 시작한다.
29 1) 딸기 en jordgubbe 2) 간접의문(종속)절

40. 셔츠가 모두 세탁되었다.

41. 스웨덴은 유럽에서 아주 큰 나라 중의 하나이다.[30] 스웨덴보다 큰 나라는 러시아, 우크라이나, 프랑스 그리고 스페인이다.

42. Henrik은 Hampus보다 나이가 적다. 나는 Henrik이 Hampus 보다 나이가 훨씬 많을 것이라고 생각했다.

43. 8월은 1년 중 가장 더운 달인 반면 1월은 가장 추운 달이다.[31]

44. 중앙역(Centralstationen)으로 가는 가장 빠른 길을 알려줄 수 있어요?[32]

45. 나는 노트북이 한 대 있다.[33] 지난주에 구입하였다. 노트북은 매우 얇고 가볍다.

46. A: 저쪽에 서 있는 키 큰 남자는 누구예요?
B: 우리 남동생이에요.

30 형용사 최상급
31 종속접속사: ~인 반면에 medan ~
32 빠른/가까운 snabb/kort, nära - närmare/närmre (비교급) - närmast/närmst (최상급)
33 노트북 en laptop/en bärbar dator

47. 우리 집 창문에서 그녀의 집을 볼 수 있다.

48. 많은 사람들이 중국에 관심이 많아서 중국어는 대학에서 학생들 사이에 인기가 많다.[34]

49. 책 감사했습니다. 아주 흥미로운 책이었습니다.

50. 여기 사진이 한 장 있다. 우리 딸의 사진이야. 사진이 조금 오래되었지?

51. 나는 어제 집으로 가는 길에 전철에서 핸드폰을 도둑맞았다.[35]

52. 런던은 수백 년 동안 영국의 수도였다.[36]

53. 우리 부모님은 형이 변호사가 되길 희망하나 나는 형이 예술가가 되길 희망한다고 생각한다.[37]

54. 퇴직 후에 그와 아내는 일 년 내내 따뜻한 나라에서 살고 싶어 한다.[38]

34 1) 중국어 kinesiska 2) 인기가 많은 populär
35 1) 집으로 가는 길에 på vägen hem 2) 핸드폰 en mobiltelefon 3) ~을 도둑맞다 vara bestulen på ~
36 과거 시점에서 시작되어 현재까지 지속되는 행위로 현재완료 시제를 사용한다.
37 1) 형/오빠 en storebror, 누나/언니 en storasyster 2) 변호사 en advokat 3) 예술가 en konstnär
38 1) 퇴직하다 gå i pension 2) 일 년 내내 året runt

55. 요즈음 젊은 세대들은 나이 든 세대를 존경하지 않아.[39] 어떻게 생각해?

56. 내 취미는 친구들과 컴퓨터 게임, 축구하고 당구 치는 것이다.[40]

57 . Anna는 Filip이 왜 오랫동안 여자친구가 없었는지 궁금했다.[41]

58. 엄마는 아들에게 방을 청소하고 있냐고 물었다.[42] 아들은 침대에 누워 책을 읽고 있다고 대답했다.[43]

59. 부산의 공기는 서울보다 더 나쁘다.[44]

60. 사랑하지 않는데도 불구하고 그녀는 그와 일주일에 두 번 데이트를 한다.[45]

61. 40살이 되면 서울 외곽에서 조그만 식당을 운영할 계획이다.[46]

39 세대 en generation
40 1) 취미 en hobby/ett fritidsintresse/en fritidssysselsättning 2) 당구 (en) biljard
41 의문사가 이끄는 간접의문(종속)절을 사용한다.
42 예/아니오 의문문을 이끄는 간접의문(종속절)을 사용한다.
43 누워 ~하다 ligga och ~
44 나쁜 점이 기준일 때 사용되는 비교급 värre가 적절하다.
45 ~와 데이트하다 dejta ~
46 1) 미래의 행위가 여러 개인 경우 먼저 일어나는 행위는 현재완료로 표현한다. 2) ~을 운영하다 driva ~

69. 나이 든 여자는 이 남자는 모르지만 저 여자는 안다.

70. A: 부엌에 의자 몇 개가 있니?

B: 6개가 있는데 모두 하얀색이야.

71. Brad는 자신을 좋은 영어 선생님으로 생각한다.[52]

72. Erik은 오늘 아침 면도할 때 (면도칼에) 베었다.[53]

73. 이 스웨덴어 문장들을 혼자 힘으로 덴마크어로 번역을 했다니 놀랍다![54]

74. 친구로부터 빌린 여행 가방이에요.

75. 덴마크어를 공부하는 것은 어렵지만 상당히 재미있다고 생각한다.

76. 기차역까지 우리를 태워 준 사람은 누구였어?[55]

52 lärare i engelska/engelsklärare (영어 교과목 선생님) vs en engelsk lärare는 (영국인 선생님)

53 (칼에) 베다 skära sig

54 1) 감탄문 (vad) + 형용사 +(att) + 주어 + 동사 2) 스스로/혼자 힘으로 själv/på egen hand

55 ~를 태워주다 skjutsa/köra ~

77. 졸업 후 내가 어떤 직업을 가지게 될지 잘 모르겠지만 (아마도) 사업가가 될 거라고 생각한다.[56]

78. Hannah는 우리 중 누가 밸런타인데이에 장미꽃을 보냈는지 전혀 몰랐다.[57]

79. 부모님이 저녁 늦게 집에 오시기 때문에 나는 저녁도 하고 설거지도 해야 한다.

80. (내) 수업은 금요일을 제외하고 항상 아침 7시에 시작한다.

81. 옛날 옛날에 아름다운 공주님을 둔 왕이 있었어.[58]

82. 아내가 집에 오면 나는 청소를 마쳤을 것이다.

83. 서울 지도가 있다면 너는 한강이 어디에 있는지 볼 수 있다.

84. 이 도시는 네가 말하는 그 도시만큼 크지는 않지만 훨씬 오래되었다.[59]

56 사업가 en affärsman
57 밸런타인데이 alla hjärtans dag
58 옛날 옛날에 ~가 det var en gång + 명사 부정형
59 동등 비교절: ~ 만큼 ~하다 lika ~ som ~

85. 내일 나는 동료가 사는 대전에 기차를 타고 간다.[60]

86. 부산행 기차는 항상 만석이다.[61]

87. 메인메뉴로 그릴한 닭고기를 먹었다.[62] 맛이 있었다.

88. 우리 가족은 5명으로 할아버지, 아빠, 엄마, 남동생과 나다.[63]

89. 여행 중 가장 기억에 남는 것은 이스탄불에 살고 있는 친구를 방문했을 때이다.[64]

90. 나는 아름다운 경치가 보이는 카페에서 시험공부 하는 것을 좋아한다.[65]

91. Sven은 부엌에서 아침을 먹으면서 신문을 읽는다.[66]

60 존재를 표시하는 동사와 사용되는 관계부사 där
61 만석인 (propp)full
62 메인메뉴/정식 en huvudrätt
63 ~명이다/~명으로 구성되어 있다 bestå av ~
64 기억에 남는/기억할 만한 minnesvärd
65 1) 경치 en utsikt 2) 시험공부 하다/시험에 대비하여 준비하다 förbereda sig inför prov, studera/plugga till prov
66 시간 종속접속사: ~ 하면서 medan ~

92. 우리 외할머니는 누가 지나가는지 그리고 무슨 일이 일어나는지를 보기 위해 바깥 거리를 보곤 하였다.[67]

---

93. Lotta는 주로 아이가 없는 이웃집 Maria와 가까이 지낸다.[68]

---

94. 내 딸이 하버드 법대에 입학하였다면 나는 기뻐서 울었을 것이다.[69]

---

95. 이웃에 방해가 되지 않도록 음악 소리를 줄일까?[70]

---

96. "어디에서 버섯을 땄어요"라고 그녀가 물었다.[71]

---

97. Björn은 결코 포르투갈에 돌아가지 않을 거라고 말했다.[72]

---

98. 원하든 그렇지 않든 음식을 다 먹어야 한다.[73]

---

67 1) 지나가다 gå förbi 2) 바깥 거리를 보다/거리 밖을 내다보다 titta ut på gatan

68 ~와 가까이 지내다/어울리다/사귀다 umgås med ~

69 1) 실현 불가능한 과거의 소망: om 주어 + 과거완료, 과거완료 + 주어 2) ~에 입학하다/합격하다 komma in ~ 3) 기뻐서 av glädje

70 1) 방해하다 störa 2) 목적 종속접속사: ~ 하도록/~ 하기 위하여 för att ~ 3) (음악을) 줄이다 sänka/dämpa

71 1) 직접인용 2) 버섯 (en) svamp

72 ~로 돌아가다 återvända till ~

73 다 먹다 äta upp

99. 그와 친구들은 어제 병이 날 정도로 술을 마셨다.[74]

100. Greta는 40년 이상 청소일을 하고 해고당했다.[75] 지금 그녀의 동료들은 해고를 당할까 두려워하고 있다.[76]

74 1) 결과 종속접속사: 너무 ~ 해서 ~ 하다/~ 할 정도로 ~ 하다 så (att) ~/så ~ att 2) 병이 나다 bli dålig/må illa

75 1) 청소일 ett städjobb 2) 해고당하다 få sparken/bli avskedad

76 ~을 두려워하다 vara rädd för ~/känna rädsla för ~

# 11 고쳐쓰기 Rättningsövningar

우리말 문장을 스웨덴어로 작문하시오.

1. Peter는 17살이고 스웨덴 사람이다.[1]

   Peter är sjutton år och en svenska.

   →

2. 내 남자 친구는 스웨덴 스톡홀름대학에서 경영학을 공부하고 있다.

   Min pojkvän studier på företagsekonomi i Sveriges stockholm universitet.[2]

   →

1 Peter는 남성 이름으로 스웨덴 남자에 해당하는 명사를 사용한다.

2 1) 대문자 사용법 2) 절에는 반드시 주어와 시제가 표시된 동사가 있어야 한다. 3) 한 개 이상의 장소부사가 사용될 경우 작은 단위부터 사용한다 (예: 기관-도시-국가 순) 4) 'XX 대학'의 XX가 자음으로 끝나면 XX 다음에 -s를 붙인다 (예, Göteborg-*s* universitet vs Uppsala universitet).

3. A: 지금 우리 아빠는 독일에 계시다.

B: 그곳에서 무얼 하시니?

A: Nu det finns min far i Tyskland.[3]

B: Vad göra din pappa på den platsen?[4]

→

4. 그녀는 아침 여섯 시 반에 청소를 하곤 한다.

Hon brukar städning på klockan halv sju morgonen.[5]

→

5. 박 교수님은 매일 아침 전철을 타고 대학에 가신다.

Park Professor gå till universitetet med tunnelbanan varje morgonen.[6]

→

6. 우리 엄마는 어제 핸드백과 목걸이를 한 백화점에서 샀다. 핸드백은 빨간색이고 목걸이는 하얀색이다.

Vår mor köpt Handväska och en halsband på varuhuset igår.[7] Väskan är röda och halsbanden är vita.[8]

→

3 (소개)구문: det finnas ~에는 소유대명사나 어말 정관사 등 특정 명사를 지칭하는 표현이 올 수 없다.

4 1) 동사의 부정형 (infinitiv)은 문장에서 단독으로 사용될 수 없다. 2) 그곳/거기 där

5 서법동사는 일반적으로 단독으로 사용될 수 없고 일반동사를 뒤에 수반한다.

6 1) ~ 교수님 professor ~ 2) 부정대명사 varje뒤에 수반되는 명사는 부정형이다.

7 과거의 한 시점을 표현하는 시간부사 '어제'는 동사의 과거형과 함께 사용된다. 동사의 완료형은 그 자체만으로 시제를 표현하지 못하기 때문에 단독으로 사용할 수 없고 현재완료일 경우 har와 과거완료의 경우 hade 와 함께 사용되어야 한다.

8 형용사의 서술적 용법

7. 왜 두 시간 전에 전화 안 했니?

Varför inte du ringde innan två timmar?[9]

→ ......................................................................................................

8. 문 닫아! 방이 추워!

Stänga dörr![10] Rummet är kalt.[11]

→ ......................................................................................................

9. 그녀의 남자친구는 현재 애완동물이 없지만 언젠가 가지고 싶어 한다.

Hennes pojkvän har inget husdjur men han vill ha det på en gång.[12]

→ ......................................................................................................

10. 내가 어렸을 때 나의 꿈은 의사가 되는 것이었지만 지금은 피아노 선생님이 되는 것이다.

När jag var ung var min dröm att bli läkare men nu vill bli piano lärare.[13]

→ ......................................................................................................

11. 친구가 여자친구와 데이트를 어디로 갈지 자주 묻기 때문에 때때로 나는 그에게 짜증이 난다. (※종속절로 문장 시작!)

Därför att min van ofta frågår mig vart ska gå ut med henne blir jag ibland arg till honom.[14]

→ ......................................................................................................

9 1) 의문사 의문문: 동사의 위치 2) 시간전치사구: ~ 전에 för ~ sedan

10 1) 명령문 2) 대화자가 알고 있는 특정한 문

11 비인칭주어 det 사용

12 언젠가 någon gång

13 1) 중장년의 사람이 젊었을 때를 회상할 때 ung, 청년의 경우 liten, yngre 2) 합성명사는 항상 붙여 쓴다. 3) 동사 vilja는 사람을 주어로 수반한다.

14 1) 절에는 주어와 동사가 반드시 존재해야 한다. 2) 종속접속사 därför att가 이끄는 종속절로 문장이 시작될 수 없다. 3) ~에게 짜증이/화가 난 arg på ~

12. Anna는 대학에서 독일어를 공부한다. 곧 독일어를 유창하게 구사할 수 있기를 희망한다.

Anna studerar tysk på universitetet. Hon önskar att hon kunde prata tysk flytande.[15]

→

13. 여름방학 동안 친한 친구들과 자주 만나 맛있는 음식을 먹었다. 완벽한 여름방학이었다고 생각한다.

I sommarlov brukade jag träffa med min vänner och äta goda mat.[16] jag tycker att det var den perfekta sommarlovet.[17]

→

14. Peter는 형보다 키가 크지만 남동생이 가족 중에서 가장 키가 크다.

Peter är större än hans storebror men hans lillebror är den största i familjen.[18]

→

15. 계란을 매우 좋아하기 때문에 냉장고(kylskåp)에는 항상 계란이 있다.

Eftersom jag tycker om ägg mycket är det ägg alltid i kylskåpet.[19]

→

**15** 1) 독일어 tyska, 독일 남자 en tysk 2) 문장부사 snart

**16** 1) 방학 동안 under lovet 2) träffa는 목적어를 수반하는 타동사 3) (en) mat 비가산명사 4) ~이다: det + vara + 명사 부정형 어구

**17** 1) 대문자 사용법 2) 부정형 명사구

**18** 1) 재귀 소유대명사 용법 2) 형용사 최상급의 서술적 용법

**19** 1) ~을 아주 좋아하다 tycka mycket om ~ 2) 주절 어순: 문장부사 위치

16. A: 스웨덴에 가본 적이 있니?

B: 응. 2018년도에 웁살라 대학에서 스칸디나비아어를 공부했어.

A: Åkte du till Sverige någon gång?[20]

B: Ja. 2018 jag studerade svenska på Uppsala universitet.[21]

→

17. 그는 결코 사랑해 본 적이 없는 여사친(tjejkompis)이 있다. 그들은 많은 것을 함께 한다.

Han har en tjejkompis att han aldrig blir kär i.[22] de gör många saker tillsammans.

→

18. 내 친구 한 명은 여자와 친구가 되었다. 매일 그녀와 어울렸고 결국은 사랑하는 사이 (par) 가 되었다.

En av mina vänner har varit vännen med en tjej.Varje dag umgick han med henne och de blev ett par.[23]

→

19. 지난 목요일 서울에는 바람이 많이 불고 눈이 왔다.

Det blåsade mycket och snödde i Söul förra torsdag.[24]

→

20 시제: 경험을 표현하는 현재완료
21 1) 주절 어순: 동사 위치 2) 스칸디나비아어 skandinaviska (språk)
22 명사/대명사를 선행사로 취하는 관계대명사 som이 이끄는 관계종속절
23 1) ~와 친구가 되다 bli vän med ~ 2) 결국 till slut
24 1) 동사활용: blåsa 2) 지난 ~요일 förra + 명사 정형

20. "치과 의사한테 가기 전에 이빨 잘 닦아야 해"라고 아이의 엄마가 말했다.

"Innan du gå till tandläkare måse du tvätta sig bra", säger barns mor.[25]

→

21. 그는 일주일에 단 4일만 일하고 한 달에 12,000크로나를 번다.

Han bara jobbar fyra dagar i en vecka och tjänar 12 000 kronor i en månad.[26]

→

22. 스웨덴에서는 아이들이 9년 동안 학교에 다녀야 한다.

Barn behöver gå till skolan för 9 år i Sverige.[27]

→

23. 이번 토요일 파티에 올 수 없다니 매우 유감이네요!

Ursäkta att du kan inte komma festen på lördag.[28]

→

24. A: 학교에 늦지 않도록 서둘러!

B: 엄마, 잔소리 그만해요!

A: Skynda dig för att inte är sent![29]

B: Mamma, inte tala![30]

→

→

25 1) 세수하다 tvätta sig 2) 잘 ordentligt 3) 아이: 명사 정형

26 1) 주절 어순: 문장부사 위치 2) (돈을) 벌다 tjäna (pengar) 3) 빈도 표현: i + 명사 정형

27 1) 서법동사: 의무 måste 2) 학교/교회에 가다 gå till skolan/kyrkan, 학교/교회에 다니다 gå i skolan/kyrkan 3) 시간전치사: ~ 동안 i ~

28 1) 감탄문 vad + 형용사 +(att) + 주어 + 동사 2) 종속절 어순: 문장부사 위치 3) 파티에 가다/오다 gå/komma på festen

29 목적 종속접속사: ~ 하도록/~ 하기 위하여 så att ~

30 1) 잔소리하다 tjata 2) ~을 그만하다 sluta ~ 3) 주절 어순: 문장부사 위치

25. Erika는 나이가 들수록 더욱 아름다워진다.

Ju Erika blir äldre, desto blir Erika vackre.[31]

→

26. A: 오늘 저녁 뭐 입을 거야?

B: Johan 결혼식에 입었던 (같은) 회색 원피스를 입을 생각이야.

A: Vad ska klä på i kväll?[32]

B: Jag ska klä på grå klänningen lika med den som jag hade på Johans brollpe.[33]

→

27. Kalle는 호감 있게 생겼고 모든 사람들에게 항상 친절하다.

Kalle är snygg och alltid snäll till alla man.[34]

→

28. 네가 우리 집에 올래 아니면 내가 너희 집에 갈까?

Kommer du mitt hus eller jag går till ditt hus?[35]

→

29. 아침을 먹은 후에 친구들을 만나기 위해 카페에 간다.

Efter jag äter frukosten jag går till ett kaffe att träffas vän.[36]

→

31 비교종속절: Ju + 형용사 비교급 + 주어 + 동사, desto + 형용사 비교급 + 동사 + 주어

32 1) 필수문장성분: 주어 2) 옷을 입다 klä/ha på sig

33 1) samma 용법: samma + 형용사 (정형) + 명사 (부정형) 2) 결혼(식) ett bröllop

34 1) 필수문장성분: 동사 2) 전치사: 사람에 대한 긍정적 태도를 나타내는 형용사 (예, snäll, trevlig) + mot 3) 부정대명사 alla (+ 복수명사)

35 우리/내 집(으로) hem till mig

36 1) efter: 전치사, efter (det) att: 종속접속사 2) äta + 식사 (부정형) 3) 주절 어순: 동사 위치 4) ~하기 위해서 för att ~ 5) 상호동사: 주어가 복수일 경우 사용 3) 불특정 친구들

30. 이번 여름에 스웨덴에 가고 싶었지만 Covid-19로 갈 수 없었다.

Jag ville gå till Sverige sommaren men jag kan inte eftersom covid-19.[37]

→ ______________________________

37 1) gå (걸어서) 가다, åka (운송수단을 이용해서) 가다 2) 지나간 여름 i somras 3) 시제: 과거 행위를 표현하는 과거 4) eftersom: (원인) 종속접속사, på grund av: (원인) 전치사구

# II

# 글쓰기

# ÖVNINGAR PÅ TEXTNIVÅ

# 1 짧은 글쓰기 Korta texter

## Om mig själv

1. 나는 박한나이며 올해 20세가 된다. 부산 출신으로 서울에 오기 전에 20년 동안 부산에 살았다. 내 전공은 스칸디나비아어이다.[1] 어렸을 때부터 외국어 공부를 좋아하였다.[2] 여가시간엔 수영을 하거나 책을 읽는다.[3] 스웨덴에는 아직 가본 적이 없으며 언젠가 갈 수 있기를 희망한다.[4]

1 전공 ett huvudämne, 부전공 ett biämne
2 1) ~ 때부터 ända sedan 주어 + 동사 2) 외국어 främmande språk
3 여가시간에 på fritiden
4 시제: 과거의 경험을 표현하는 현재완료

2. 내 이름은 김영수이고 안양에 산다.[5] 군대에 가기 전 2년 동안 스웨덴어를 공부했다. 그래서 현재 스웨덴어를 잘 하지 못한다.[6] 나는 이번 학기에 스웨덴어 실력을 향상시키고 싶다.[7] 작문 수업을 따라가지 못할까 걱정하였다.[8] 나는 건강이 인생에서 가장 중요하기 때문에 요즈음 건강에 관심이 많다.[9] 여행하는 것을 좋아해서 다음 여름에는 독일에 여행을 갈 계획이다.

3. 본인에 대해 간단하게 소개하기!

5 'Mitt namn är ~' 라는 표현보다는 'Jag heter ~'이 훨씬 일반적이다.
6 därför (부사) + 동사 + 주어 (도치문)
7 1) 스웨덴어 실력/능력 svenskfärdighet/färdigheter i svenska 2) 향상시키다 förbättra
8 1) 작문 수업 en uppsatskurs 2) 시제: 과거 시점을 기준으로 미래에 일어날 행위를 표현하는 과거미래 skulle + infinitiv
9 건강 (en) hälsa

## Bostad

1. 우리 친할머니의 집은 오래되었다. 한국의 전통 집이다. 100년 전 증조할아버지가 지으신 집이다.[10] 기와라고 하는 지붕이 있다.[11] 방은 5개이고 그중 하나는 거실과 침실로 사용된다. 집 뒤에는 가을마다 감이 열리는 감나무가 있다.[12]

2. 우리 외할머니는 속초에 있는 오래된 빌라에 사신다.[13] 빌라는 작지만 매우 아늑하다.[14] 외할머니는 그곳에서 15년 동안 사셨다. 빌라에는 자식들이 사준 가구가 많다. 외할머니는 커다란 정원이 있으시다. 거기에는 외할머니가 키우시는 꽃과 나무가 많다.[15] 빌라에는 작은 개집이 있지만 개집에는 개가 없다.[16] 외할머니는 항상 건강하시며, 행복하다고 생각하신다.

10 증조할아버지 en farfars far
11 지붕, 천장 ett tak
12 1) 감 en persimmon 2) 감나무 ett persimonträd 3) ~이 열리다 bära ~
13 불특정 빌라 (부정형)
14 1) 특정 빌라 (정형) 2) 아늑한 mysig
15 (식물 등을) 키우다/가꾸다 odla
16 개집 en hundkoja

3. 현재 살고 있거나 기억에 남는 집에 대해 쓰기!

## Husdjur

**1.** 우리 고양이 이름은 Carol이다. Carol이란 영화를 보고 이름을 지었지만 가족은 모두 Kicki라고 부른다.[17] 고양이는 나이가 7개월이다. 장난감을 가지고 노는 것을 아주 좋아한다. 엄마가 아기같이 다루기 때문에 버릇이 없다.[18] 나보다 엄마를 좋아하기 때문에 좀 슬프지만 나는 Carol을 많이 사랑한다.[19] 우리 가족은 Carol이 가족의 일부라고 생각한다.[20]

**2.** 나는 애완동물이 현재 없지만 언젠가 가지고 싶다. 고양이를 좋아하는데 천천히 걷고 아름다운 눈을 가지고 있기 때문이다. 내 여자친구는 작은 고슴도치가 있다.[21] 고슴도치는 많은 시간과 관심을 필요로 한다고 한다.[22] 여자친구 말로는 고슴도치는 집에서 가만히 앉아 있는 것을 좋아한다.[23] 내 여자친구는 고슴도치가 건강하고 오래 살길 바란다.[24]

**17** 1) ~에게 이름을 지어주다 namnge ~/ge ~ namn 2) ~를 ~라고 부르다 kalla någon (för) något
**18** 1) 아기 en bebis/bäbis 2) ~처럼/같이 다루다 behandla som ~ 3) 버릇이 없는 bortskämd
**19** B보다 A를 선호하다 föredra A framför B
**20** ~의 일부이다/~에 속하다 höra till/tillhöra ~
**21** 고슴도치 en igelkott
**22** 1) 관심 (en) uppmärksamhet 2) ~ 라고 한다 det sägs att ~
**23** 1) ~말로는/~에 따르면 enligt ~ 2) (새 등의) 집 en bur
**24** 오래 살다 leva länge

**3.** 본인의 애완동물 혹은 키우고 싶은 동물에 대해 쓰기!

## Matlagning

1. 냉장고에 계란, 마늘, 베이컨, 김치가 있고 전기밥솥에는 약간의 밥이 있다.[25] 나는 이것들로 볶음밥이란 음식을 요리할 생각이다.[26] 먼저 마늘, 베이컨과 김치를 다진다.[27] 그리고 나서 모두 기름에 볶고 잠시 후 밥을 넣는다.[28] 마지막으로 계란 한 개를 부치고 볶은 밥에 얹는다.[29]

25 1) Det finns ~ 보다는 Jag har ~이 자연스럽다. 2) 마늘 (en) vitlök 3) 베이컨 bacon 4) 냉장고 ett kylskåp 5) 전기밥솥 en riskokare 6) 쌀, 밥 (ett) ris

26 1) 음식/요리 en maträtt 2) 볶음밥 (ett) stekt ris

27 다지다 hacka

28 1) 기름에 볶다 steka i olja 2) ~을 넣다/더하다 lägga till ~

29 1) 마지막으로 slutligen/till slut/(till) sist 2) ~ 을 ~ 에 얹다 lägga ~ på ~ 3) 볶은/볶아진 (완료분사)

**2.** 나는 냉장고에 계란, 감자, 마요네즈, 신선한 과일, 요구르트가 있다.[30] 감자를 좋아하기 때문에 집에 감자가 많다. 간식으로 감자샐러드를 만들 수 있다.[31] 먼저 계란과 감자 2개를 삶는다.[32] 그리고 나서 감자를 으깨고 마요네즈와 섞는다.[33] 과일과 요구르트를 갈면 맛있는 주스가 된다.[34]

**3.** 나는 전형적인 스웨덴 음식인 으깬 감자를 하기로 결정했다.[35] 먼저 감자 3개를 껍질을 벗기고 작게 잘랐다.[36] 그리고 나서 감자가 부드러워질 때까지 소금물에 감자를 약 15분간 삶았다. 따뜻한 감자를 포크로 으깬 후에 (으깬) 감자에 소금, 후추와 설탕을 섞었다.[37] 미트볼과 으깬 감자를 먹었고 아주 맛있었다.[38]

30 1) 감자는 불가산명사이나 낱개를 표현할 때는 가산명사이다 ((en) potatis vs flera potatis-ar) 2) 마요네즈(en) majonnäs 3) färsk frukt (집합명사), färska frukter (보통명사) 4) 요구르트 (en) yogurt
31 1) 간식 en mellanmål 2) 감자샐러드 en potatissallad
32 삶다 koka
33 1) 으깨다 mosa 2) ~와 섞다 blanda med ~
34 1) (믹서에) 갈다 mixa 2) 주스 (en) juice
35 1) 전형적인 typisk 2) 으깬 감자 (en) potatismos
36 1) (껍질을) 벗기다 skala 2) 작게/작은 조각으로 자르다 skära i bitar 3) 소금물 saltat vatten
37 후추 (ett) peppar
38 미트볼 en köttbulle

**4.** 오늘 점심/저녁 요리에 대해 쓰기!

## En 50 000 wonssedel

1. 거리에 5만 원 지폐가 있다.[39] 주위를 살핀 후 지폐를 줍고 나서 그러지 않은 척을 한다.[40] 그리고 나서 빵집에 가서 예전부터 먹고 싶었던 초콜릿 케이크를 산다.[41] 저녁에 여자친구를 만나서 내가 저녁을 산다고 한다.[42]

2. 만약에 5만 원 지폐를 줍는다면 누구에게도 말하지 않을 거다.[43] 먼저 레스토랑에 갈 거다.[44] 거기에서 가장 비싸고 맛있는 요리를 먹을 거다. 가게에 가서 잔돈/남은 돈으로 복권을 살 거다.[45] 복권에 당첨되길 꿈꾼다.[46]

39 지폐 en (wons-)sedel
40 1) 주위를 살피다 se sig omkring 2) ~ 한 체하다 låtsas som om ~
41 1) 빵집 ett bageri/konditori 2) 초콜릿 케이크 en chokladtårta
42 ~을 사다/초대하다 bjuder på ~
43 (돈을) 줍다 hitta (pengar)
44 레스토랑에 가다 gå på restaurang
45 1) 잔돈 växelpengar 2) 복권 en lott
46 1) 복권에 당첨되다 vinna på ett lotteri 2) ~하는 꿈을 꾸다 drömma om att ~

**3.** 10만 원이 생긴다면?

## När jag inte kan sova/somna[47]

1. 잠을 잘 수 없을 때 나는 평온함을 얻기 위해 클래식 음악을 듣는다.[48] 잠이 들기 위한 최선의 방법이다.[49] 그래도 잠을 잘 수 없을 땐 책을 읽곤 한다.[50] 따뜻한 우유를 마시기도 한다. 그러면 잠이 든다.

2. 나는 자기 전에 모든 에너지를 사용하려고 노력한다.[51] 자리에 든 후 곧바로 잠에 들 수 없다면 인터넷을 하곤 한다.[52] 따뜻한 물로 샤워를 하기도 한다.[53] 샤워를 한 후 긴장이 풀어져서 잘 잘 수 있다.[54]

47 잠을 자다 sova vs 잠이 들다 somna
48 1) 평온함 lugn och ro 2) 클래식 음악 klassisk musik
49 방법 ett sätt
50 그래도/그럼에도 (불구하고) ändå
51 자다/자러 가다/잠자리에 들다 lägga sig
52 인터넷 하다 surfa på nätet
53 샤워하다 duscha/ta en dusch
54 긴장이 풀어진 vara avslappnad/lugn/avspänd

3. 잠이 안 올 때는 무엇을 하지?

## Favoritprogram

1. 나는 음식 프로그램을 보곤 한다.[55] 베이킹에 관한 음식 프로그램을 특히 좋아한다.[56] 프로그램을 볼 때마다 행복하다.[57] 프로그램을 본 후 에그 타르트를 만들어 보려 하였다.[58] 나는 베이킹이 재미있지만 조금 어렵다고 생각한다. 내 생일 케이크를 만들어 보고 싶다.[59]

2. 내가 좋아하는 프로그램은 무한도전이다. 한국에서 유명한 TV 프로그램 중 하나이다.[60] 다른 나라에서도 유명하다. 최근 시험이 많아서 프로그램을 볼 수 없었다.[61] 그래서 시간이 될 때 인터넷으로 볼 생각이다.[62]

55 음식 프로그램 ett matprogram
56 베이킹 (en) bakning
57 ~ 할 때 마다 varje gång 주어 + 동사
58 1) 종속접속사: ~ 한 후에 efter (det) att ~ 2) 에그 타르트 en egg tart
59 1) 케이크를 굽다/만들다 baka tårta 2) 생일 케이크 en födelsedagstårta
60 TV 프로그램 ett tv-program
61 최근(에) (under/på) den senaste tiden
62 시간이 될 때/시간이 (더) 있을 때 när jag har mer tid

**3.** 나는 요리 프로그램을 보곤 한다. 요리하고 먹는 것을 좋아하기 때문이다.[63] 프로그램은 매주 목요일마다 방송되며 다양하고 맛있는 요리를 만든다.[64] 프로그램을 볼 때 너무 배가 고파진다. 체중 조절을 하고 싶기 때문에 안타깝게도 나는 프로그램을 자주 볼 수 없다.[65]

**4.** 좋아하는 프로그램에 대해 쓰기!

63 요리 프로그램 ett matlagningsprogram

64 방송되다 sändas

65 1) 체중 조절 하다 hålla vikten, 다이어트 하다 banta 2) 안타깝게도 tyvärr

## I somras/vintras

1. 지난 여름 나는 춘천에 있는 카페에서 일했다. 카페에서 일하는 것은 나에게 좋은 경험이었다.[66] 그곳에서 커피를 내리고, 빵을 굽고 카페를 청소했다.[67] 일은 힘들었지만 재미있었다. 돈을 많이 벌었고 좋은 사람도 많이 만났다.

2. 나는 용돈을 벌기 위해 여름방학에 학원에서 아이들에게 영어를 가르쳤다.[68] 비록 그 일이 나에게 스트레스를 주었지만, 그만한 가치가 있었다고 확신한다.[69] 아무 계획 없이 돈을 많이 쓰기 때문에 나쁜 소비 습관을 없애는 것이 방학 동안 나의 목표였다.[70] 저축하는 방법에 대한 책을 읽은 후 예산을 계획하고, 그것에 따라 생활하려고/살려고 노력하였다.[71]

66 경험 en erfarenhet
67 커피를 내리다 brygga kaffe
68 1) 용돈 fickpengar 2) 학원 ett privatinstitut 2) ~에게 ~을 강의하다 undervisa någon i något
69 1) ~이 스트레스를 주다 ~ vara stressig/~ stressa 2) ~의 가치가 있다 det är värt ~ 3) ~을 확신하다 vara säker på ~
70 1) (돈을) 쓰다 spendera 2) 소비 습관 en köpvana
71 1) 저축하다 spara 2) 예산 (en) budget 3) ~에 따라 생활하다 leva efter ~

**3.** 여름방학/겨울방학에 대해 쓰기!

## På helgerna

1. 매주 토요일 나와 룸메이트는 욕실을 청소한다.[72] 우리 둘 다 하루에 두 번씩 샤워를 하고 긴 머리이기 때문에 최소한 일주일에 한 번 욕실을 청소해야 한다.[73] 청소 후 우리는 영화관에 가거나 산책을 한다. 평일엔 룸메이트가 요리를 하기 때문에 토요일은 내가 요리를 한다.[74] 나는 저녁으로 무엇을 먹고 싶은지 묻고 환상적인 저녁을 요리하기 위해 최선을 다한다.[75]

2. 오전에 계획이 없으면 나는 토요일엔 늦게 일어난다. 주말에 하루 종일 집에 있을 때는 TV로 혼자 야구나 축구를 본다. 하지만 집에 있는 것보다 친구들을 만나는 것을 좋아한다. 거의 토요일마다 친구들과 당구를 치고 컴퓨터 게임을 한다. 평일에는 시간이 많지 않기 때문에 숙제도 주말에 해야 한다.[76]

72 룸메이트 en rumskamrat
73 1) 우리 둘 다 vi båda 2) 긴 머리이다 ha långt hår/vara långhårig 3) 최소한 minst/åtminstone
74 습관/반복: 평일마다 på vardagarna, 토요일마다 på lördagarna/varje lördag
75 최선을 다하다 göra sitt bästa
76 ~이 많다 ha tillräckligt med ~

**3.** 이번 주말에 뭐 하지?

# 2 긴 글쓰기 Längre texter

## Min dag

1. 오늘은 10월 21일이다. 나의 가장 친한 친구 예미의 생일이다.[1] 나는 예미가 좋아하는 초콜릿 케이크를 사러 제과점에 갔지만 초콜릿 케익은 품절되었다.[2] 그래서 대신 딸기 케익을 사야 했다.[3] 예미를 만났을 때 예미는 이탈리아 레스토랑에 가고 싶어 했다. 레스토랑은 워낙 유명해서 긴 줄을 서야만 했다.[4] 얼마 후 레스토랑에 들어가서 스파게티와 피자를 주문했다.[5] 맛있었다. 그래서 우린 기분이 더 좋아졌다. 그러고 나서 커피를 마시고 오랫동안 이야기를 했다. 후에 헤어지기가 아쉬웠다.[6] 아주 즐거운 하루였다.

1 친한 bäst/närmast
2 품절되다 vara/bli + sälja ut의 완료분사형
3 1) 대신 i stället 2) ~해야 했다 var tvungen att ~
4 1) ~ 해서 ~ 하다/~ 할 정도로 ~하다 så ~ att ~ 2) 줄을 서다 stå i kö
5 얼마 후/잠시 후 efter en stund/ett tag
6 1) 아쉬운 ledsam/tråkig 2) 헤어지다 skiljas åt

2. 오늘은 매우 추웠다. 그래서 나는 따뜻하게 옷을 입어야 했다. 두꺼운 스웨터와 자켓을 입었다.[7] 그리고 나서 수업이 있어서 대학에 갔다.[8] 나는 스웨터와 자켓을 입어 따뜻했다.[9] 떨지 않았기 때문에 정말 행복했다.[10] 나는 오래전부터 팔찌를 만들 계획이었기 때문에 팔찌를 만드는 데 필요한 재료를 사러 동대문 시장에 갔다.[11] 5층에 올라가기 위해 엘리베이터를 탔다.[12] 거기에는 다양한 재료를 파는 가게들이 많았다. 필요한 것을 모두 구입한 후 집에 와서 팔찌를 만들기 시작했다. 팔찌 하나는 나에게 또 하나는 내 남자친구를 위해 만들어야겠다고 생각했다.

3. 오늘은 월요일이다.[13] 나는 9시에 일어났다. 나는 보통 아침을 먹지 않지만 오늘은 어제 산 사과를 아침으로 먹었다.[14] 스웨덴어 수업이 11시에 있기 때문에 10시 15분에 버스를 타고 대학에 갔다. 스웨덴어를 공부하는 것은 재미있다.[15] 수업 후 점심을 먹고 캠퍼스에서 산책을 하였다.[16] 도서관에서 책을 한 권 빌리고 친구들과 맥주를 마셨다. 9시경에 아빠와 누나가 집에 왔고 그때 온 가족이 저녁을 먹었다. 저녁 식사 후에는 설거지를 하고 잠시 내 방에서 컴퓨터 게임을 하였다. 나의 하루가 끝났다.[17]

7 (옷을) 입다 klä på sig ~, (옷을) 입고 있다 ha på sig ~
8 수업/강의가 있다: (학생이) ha lektion, (선생님이) ha undervisning
9 스웨터와 자켓: 특정 명사
10 (추위에) 떨다 frysa
11 1) 시제: 과거에 일어난 행위를 묘사하는 과거, 과거완료, 과거미래 2) 팔찌 ett armband 3) 재료 ett material
12 1) 5층으로 올라가다 åka upp till 5:e våningen 2) 엘리베이터/에스컬레이터를 타다 åka hiss/rulltrappa
13 비인칭대명사 det를 주어로 사용한다.
14 ~을 ~(식사)로 먹다 äta ~ till ~(식사)
15 가주어 det 사용
16 1)~ 한 후에: efter (전치사) ~/efter (det) att (종속접속사) ~ 2) 캠퍼스 ett campus
17 끝나다 sluta, vara till ända

4. 지난주 덕수궁에서 Edward Munch의 작품 전시회가 있었다.[18] Munch는 노르웨이의 유명한 예술가이었다. 수강생 전원이 수업 시간에 노르웨이어 교수님과 함께 전시회를 방문하였다.[19] 대학에서 전철로 30분이 걸렸다.[20] 입장료는 8,000원이었다.[21] Munch가 어렸을 때 부모님이 돌아가셨다. 그래서 Munch의 그림들은 죽음을 다룬다.[22] 그의 그림을 보고 나는 우울해졌다.[23] 진짜 슬픈 하루였다.

5. 코로나라고 하는 큰 질병이 발생하여 겨울방학 동안 재미가 없었다.[24] 질병은 세계와 나의 일상을 변화시켰다. 나는 9시에 수업이 있기 때문에 아침에 상당히 일찍 기상한다. 많은 한국인들이 코로나 바이러스에 감염되어서 바이러스 전파를 방지하기 위해 수업을 비대면으로 듣고 있다.[25] 코로나로 나는 시간이 많다.[26] 오후에는 낮잠을 자거나 태블릿을 가지고 빈둥거린다.[27] 저녁에는 상쾌한 공기를 마시기 위해 공원으로 산책을 간다. 외출할 때는 항상 마스크를 쓴다.[28] 일주일에 마스크를 2개만 살 수 있기 때문에 매주 목요일 약국에서 마스크를 산다. 나는 2달 동안 서울에 가보지 못하였다.[29] 친구들이 그립다. 코로나 팬데믹이 가능한 한 빨리 종식되길 희망한다.[30]

18 1) Det är/var ~ 구문 사용 2) 전시회 en utställning
19 수강생 전원 hela klassen
20 ~ 하는 데 ~(시간)이 걸리다 det tar ~ (시간) att ~
21 입장료 en inträdesavgift
22 1) 그림 en målning 2) ~을 다루다 handla om/behandla ~
23 1) 우울한 melankolisk/sorgsen 2) 슬픈 sorglig/ledsam, (사람이) 슬픈 ledsen
24 1) 질병 en sjukdom 2) (질병 등이) 발생하다 bryta ut
25 1) 감염되다 vara smittad/smittas 2) 바이러스 ett virus 2) 전파 (en) spridning 3) 방지하다 förhindra 4) 비대면/대면 강의 lektion på distans/på campus
26 시간이 많다 ha (mycket) tid över
27 1) 낮잠 자다 ta en tupplur 2) 태블릿 en surfplatta 3) 빈둥거리다 lata sig
28 마스크 쓰다 bära/ha på sig en mask/ett munskydd
29 1) 시제: 현재까지 지속되는 행위를 표현하는 현재완료 2) 시간전치사 på: ~동안 ~하지 못하다
30 1) 코로나 팬데믹 coronapandemi 2) 종식되다 sluta/ta slut

## Min favoritfilm (1)

나는 월요일에 여자친구와 함께 영화관에 갔다.[31] 많은 사람들이 주말에 영화관에 가지만 이번 월요일에는 사람이 상당히 많았다.

영화 제목은 '마음이(Hearty Paws)'이고, 하얀 개와 사는 한 소년과 그의 여동생을 다룬다.[32] 소년이 집에 없을 때 여동생이 호수에 빠져 죽었다.[33] 소년은 개에 화가 나서 혼자 기차로 부산에 갔다.[34] 개는 소년을 찾으러 부산까지 달려갔다.[35] 부산에서 소년은 갱단 조직원들을 만났다.[36] 그때 개가 그들을 피해 달아나는 소년을 도와주었다.[37] 소년은 개와 화해를 하고 함께 집에 돌아갔다.[38] 슬프게도 개는 병에 걸려 죽게 되었다.[39]

영화가 끝나고 영화관의 대부분의 사람들이 울었다.[40]

**31** i måndags와 förra måndagen의 차이
**32** 영화/책제목이 ~이다 Filmen/Boken heter ~ 2) 하얀 개, 한 소년: 불특정 명사
**33** 익사하다 drunkna
**34** 이미 언급된 소년과 개: 특정 명사
**35** 찾다 leta efter ~
**36** 갱단조직원/범죄조직배 en gangster
**37** ~을 피해 도망가다/달아나다 fly från~, ~에서 도망 중인 vara på flykt från ~
**38** ~와 화해하다 försonas med ~/bli sams igen med ~
**39** 병으로 죽다 dö i sjukdom
**40** 대부분 (사람들) de flesta (människor/människorna)

## Min favoritfilm (2)

나는 '덕혜공주 (Prinsessan Deokhye)'라고 하는 영화를 친구와 보았다. 영화는 일제강점기를 다룬다.[41] 영화는 덕혜공주에 관한 책에 기초하고 있다.[42] 덕혜공주는 대한제국의 마지막 공주였다.[43] 공주가 어렸을 때 아버지 고종황제가 독살당하였다.[44] 13살이 되었을 때 일본에 강제로 보내졌다.[45] 공주는 고국을 무척 그리워했고 한국에 돌아오려 시도했었다.[46] 한국정부가 황실의 부활을 두려워하였기 때문에 공주는 다시 돌아올 수 없었다.[47] 1962년에야 처음으로 한국에 돌아올 수 있었다.

일본 남자와 결혼을 하였지만 얼마 후 이혼을 하였다.[48] 후에 정신병원으로 보내졌다.[49] 공주는 자살을 한 딸이 한 명 있었다.[50] 오래된 친구인 김장한이란 남자가 있었는데 아버지는 그에게 시집을 보내려고 하였다.[51] 그는 공주를 보호하고 한국으로 귀국시키려 애썼다.[52]

나는 영화가 만들어지기 전에 책을 읽었다. 좋아하는 책 중의 하나이다. 영화를 많이 기다렸다. 영화의 모든 배우를 좋아한다. 공주가 한국을 떠난 후 어머니를 만나지 못하여 나는 슬펐다. 그래서 나는 슬프고 화가 났다. 좋은 영화라고 생각하고 모두가 덕혜공주를 잊지 않기를 바란다.[53]

**41** 일제강점기 den japanska kolonialtiden
**42** ~에 기초하다 basera sig på/vara baserad på ~
**43** 대한제국 Koreanska Imperiet
**44** 1) 황제 en kejsare 2) 독살당하다 bli förgiftad
**45** 강제로 av tvång
**46** 1) 고국 ett hemland 2) ~을 그리워하다 längta efter ~ 2) ~로 돌아오다/돌아가다 åka tillbaka/återvända till ~
**47** 1) 정부 en regering 2) 황실의 부활 ett återupprättande av den kejserliga dynastin
**48** 이혼하다 skilja sig
**49** 정신병원 ett mentalsjukhus
**50** 자살하다 ta sitt liv/begå självmord
**51** 1) ~을 시집보내다 gifta bort ~
**52** 보호하다 skydda
**53** 모두가 ~을 잊지 않다 ingen glömma ~

## Min favoritfilm (3)

최근에 본 가장 좋았던 영화는 'Resan till Fjäderkungens rike'이다. 3D로 된 최초의 스웨덴-덴마크 장편 애니메이션 영화이다.[54] 죽음에 관한 영화이다.[55]

영화의 주인공은 Johan이라는 작고 귀여운 토끼 소년이다.[56] Johan이 어렸을 때 엄마가 돌아가셨다.[57] Johan이 사는 세계에서는 죽은 사람은 Fjäderkungens rike로 가서 살아야 한다. 살아있는 사람은 마법의 왕국에 들어올 수가 없다.[58] Johan은 엄마를 많이 그리워하였다. 그래서 매일 편지를 써서 병에 넣어 바다에 던졌다.[59] 엄마가 그 편지들을 볼 수 있기를 희망하였다.

하루는 우연히 Fjäderkungens rike에 가서 엄마를 만났다.[60] 엄마와 Johan은 너무 기뻐 울었다. 그리고 나서 아빠 또한 그곳에 오게 되었다. 함께 있는 동안 그들은 가능한 한 최대한 재미있게 보냈다.[61] 그곳의 사람들과 파티도 열었다.[62]

그러나 불행은 곧 찾아왔다.[63] 왕국에 살아있는 사람이 있었기 때문에 왕국을 수호하던 Fjäderkung의 마법이 왕국의 신, Moli에 의해 없어지게 되었다.[64] Johan이 왕국을 떠나지 않으면 그곳 사람들이 살고 있는 왕국이 무너지게 되었다.[65] 결국 Johan과 아빠는 자신의 세계로 돌아왔다. 그 후로 Johan은 엄마에게 편지를 보낼 때 편지 외에 당근 한 개를 병에 넣었다.[66]

영화는 나를 슬프게 하였다. 나는 영화를 통해 모든 것에는 규칙이 있다는 것을 느꼈다.[67] 예를 들면, 누구도 죽음을 거부할 수 없다.[68] 때때로 우리는 원하지 않더라도 선택을 해야 한다.

영화는 감동적이었다. 그래서 강력하게 추천하고 싶다.[69]

54 1) 스웨덴-덴마크: 국적 형용사 2) 장편영화 en långfilm 3) 애니메이션 영화 en animerad film
55 죽음 (추상명사): 명사 정형
56 1) 주인공 en huvudperson 2) 토끼소년 en kaninpojke
57 죽다 dö/gå bort/avlida
58 1) 살아있는 사람 (den som är) levande 2) 마법의 magisk 3) 왕국 ett rike
59 ~을 ~에 넣다 lägga ~ i ~
60 우연히 händelsevis/av en händelse
61 (재미있게) 즐기다 roa sig
62 (파티를) 열다 anordna/ställa till med ~
63 불행 en olycka
64 1) 수호하다/지키다 värna 2) 마법 en magi 3) 신 en gud 4) (~에 의해서) ~이 없어지다/사라지다 ~ tas bort
65 1) 가정문: om + 주어 + 과거형, skulle + 주어 + infinitiv 2) 무너지다 kollapsa
66 1) 그 후로 därefter 2) ~ 외에 förutom ~ 3) 당근 en morot
67 규칙 en regel
68 1) 예를 들면 exempelvis/till exempel 2) 거부하다 vägra
69 1) 감동적인 rörande/gripande 2) 추천하다 rekommendera

## En resa (1)

지난 주말 우리 가족은 부산에 갔다. 그곳에서 저녁을 먹고 나서 하동으로 갔다. 아빠는 2주 전에 지리산의 한 펜션을 예약했다.[70] 많은 사람들이 여행을 하고 싶어 하는 가을이어서 방을 예약하는 것은 어려웠다.[71] 우리가 도착했을 때는 시간이 (많이) 늦어서 우리는 바로 잠자리에 들었다.[72]

다음 날 아침 나는 7시에 깨어 엄마와 근처의 절까지 산책을 하였다.[73] 한 시간 후 우리는 내장산으로 갔다.[74] 내장산은 아름다운 가을 단풍으로 유명해서 나는 그곳을 방문하는 것을 기대하였다.[75] 자동차로 3시간을 달려 우리는 드디어 도착했다.[76] 생각했던 것보다 덜 아름다워서 조금 실망하였다.[77] 나는 사진을 많이 찍었고 재미있었다고 생각했다.[78] 집으로 오는 동안 운전하는 엄마와 엄마가 졸지 않게 엄마하고 말을 한 아빠를 제외하고 우리는 잠을 잤다.[79] 피곤했지만 좋은 주말이었다.

**70** 1) 펜션 ett pensionat 2) 예약하다 boka/beställa
**71** ~하는 것이 쉽다/어렵다 det vara lätt/svårt att ~
**72** 1) 시간이 많이 늦다 klockan vara/bli mycket
**73** 1) 다음 날 아침 följande morgon/morgonen därefter/därpå 2) 근처의/근처에 있는 i närheten
**74** 1) 시간전치사: ~ (과거의 시간) 후에 efter ~ 2) ~로 가다/떠나다 åka/ge sig iväg till ~
**75** 1) 단풍 (ett) höstlöv 2) ~로 유명하다 vara känd för ~ 3) ~을 기대하다 se fram emot ~
**76** 1) 3시간의 자동차 여행 en bilresa på/om tre timmar, en tre timmars bilfärd 2) 마침내/드디어 äntligen
**77** 1) 열등비교: 덜 ~하다 mindre ~ 2) 실망하다 vara besviken (på)
**78** 사진 찍다 ta bilder/fotografera
**79** ~를 깨어 있게 하다 hålla ~ vaken

## En resa (2)

2017년 스웨덴에 교환학생으로 있었을 때 나는 스칸디나비아국가들을 여행할 시간적 여유가 있었다.[80] 스톡홀름에서 여행을 시작해서 덴마크, 노르웨이에 갔다. 마지막으로 스웨덴으로 다시 돌아왔다.

제일 처음으로 방문한 도시는 덴마크의 수도인 코펜하겐이었다.[81] 아직도 여러 가지 색으로 된 건물이 있는 Nyhavn이라는 아름다운 항구를 기억한다.[82] 항구 주위를 걷고 오래된 거리에 인상을 받아 기념품 한 개를 샀다.[83]

여행 중 최고의 장소는 3일 동안 머물렀던 Bergen이었다.[84] 내가 가본 곳 중 가장 아름다운 장소이다.[85] Bergen은 노르웨이의 서부 해안에 있으며 그곳에서 페리나 기차를 타고 여러 피오르드로 갈 수 있다.[86] 나는 페리를 타고 Hardangerfjorden이라는 피오르드에 갔다. 페리를 탔을 때 한국어가 들려서 재미있었다.[87] 나중에 한국인 관광객이 많다는 것을 알았다.[88] 피오르드에서는 바위, 폭포와 호수로 된 아름다운 자연을 볼 수 있다.[89] 페리가 섬에 머물러서 관광객들은 주위를 조금 산책할 수 있었다.[90]

80 1) 스칸디나비아국가 de skandinaviska länderna 2) 시간적으로 ~할 여유가 있다 hinna ~
81 1) 처음으로 ~한 도시/첫 번째 도시 första staden som ~
82 1) 여러 가지 색깔의 olikfärgad 2) 건물 en byggnad 3) ~ 한 Nyhavn, Nyhavn där (관계부사) 주어 + 동사 4) 항구 en hamn
83 1) ~ 주위를 걷다 gå runt 2) ~에 인상/감동을 받다 vara imponerad av ~ 3) 기념품 en souvenir
84 강조구문: ~ 한 것은 ~이다 det är/var ~ som 주어 + 동사
85 가 본 곳 중 가장 아름다운 곳 det vackraste stället (som) jag har varit på (i hela mitt liv)
86 1) 서부해안 (en) västkust 2) 페리 en färja 3) 피오르드 en fjord
87 (운송수단을) 타다 stiga på, 내리다 stiga av
88 알다/알게 되다/인식하다 märka/inse
89 1) 바위 en klippa 2) 폭포 ett vattenfall
90 주위를 산책하다 promenera omkring/runt

## En resa (3)

가장 추억에 남는 여행은 2015년 여름 대학 친구 2명과 캄보디아를 여행할 때였다.[91] 2014년 겨울에 친구들과 나는 군 복무를 마치고 (그것을) 축하하기 위해 19일간 동남아로 여행을 갔다.[92] 나의 첫 여행이어서 최고의 여행이 되길 바랐다.

군 복무를 하였을 때 앙코르와트에 관심이 많았기 때문에 캄보디아에 꼭 가보고 싶었다. 캄보디아의 도시인 Siem Reap에서는 곳곳에 있는 (문화)유산들을 방문할 수 있었다.[93] 우리는 창문 밖 새소리에 매일 8시나 9시에 깼다.[94] 캄보디아에 여행 온 외국 관광객을 많이 만났다. 낮에 관광을 마친 후 저녁에는 맥주를 마셨다.[95] 가끔 앉아서 밤하늘을 쳐다보았다.[96]

나는 매우 행복했다. 친구들과 함께 이어서 여행은 무척 좋았다. 좋은 친구들이라는 것을 이미 알았지만 (여행을 해보니) 훨씬 좋은 친구들이었다.[97] 여행 중 여러 가지 어려움에 직면하였을 때 아무도 짜증을 내지 않고 문제를 해결하고 최대한 긍정적이려고 노력했다.[98]

여행은 나에게 평생 추억이 되었고 언젠가 친구들과 다시 여행하고 싶다.[99]

**91** 1) 추억에 남는/기억할 만한 minnesvärd 2) 대학 친구 en vän på universitetet/en universitetskompis
**92** 1) 축하하다 fira 2) 동남아 Sydostasien
**93** 1) 곳곳에 있는 överallt 2) (문화)유산 en lämning
**94** 새소리 en fågelsång
**95** 관광하다 vara på sightseeing
**96** 밤하늘 (en) natthimmel
**97** ~로 나타나다 visa sig vara ~
**98** 1) 어려움/불편함 en besvärlighet 2) ~에 직면하다/접하다 stöta på/möta ~ 3) 짜증을 내다/화가 나다 bli irriterad/arg 4) (문제를) 해결하다 lösa
**99** 1) 평생의 추억/기억 ett minne för livet

## Min framtid (1)

미래에 내가 무엇을 하고 싶은지를 결정하는 것은 쉽지 않다.[100] 나는 내가 무엇을 할지 정확하게 결정하지는 않았지만 미래에 통역사로 일하고 싶다.[101] 영어를 무척 좋아하기 때문에 영어를 한국어로 혹은 한국어를 영어로 통역할 수 있길 희망한다.

통역가가 되는 것이 어렵다는 것을 알지만 가능한 한 열심히 공부할 것이다. 최선을 다한다면 원하는 대로 될 수 있다. 나는 유능한 통역가가 되기 위해서 무엇이든지 할 것이다.[102]

통역사가 된 후에는 돈을 많이 벌고 유명해지고 싶다.[103] 한국말을 못하는 관광객들 또한 도와주고 싶다. 그들에게 무료로 통역해 줄 생각이다.[104]

**100** 1) 미래에 i framtiden 2) 가주어 det 사용 3) 의문대명사 vad로 시작하는 간접의문(종속)절
**101** 1) 통역사 en tolk 2) ~로 일하다 arbeta som ~
**102** 1) 유능한 kompetent/duktig 2) 무엇이든지 vad som helst/vadsomhelst
**103** 미래의 행위 중 먼저 발생하는 행위는 현재완료, 나중 행위는 현재 또는 미래
**104** 무료 gratis

## Min framtid (2)

사람들은 어릴 때 커다란 꿈이 있다.[105] 나이가 들면 꿈들은 작아진다.[106] 나는 어렸을 때 피아노 치는 것을 좋아했기 때문에 피아니스트가 되고 싶었다. 지금 나는 대학에서 스칸디나비아어를 공부하고 있기 때문에 언젠가 교환학생으로 북구에 가고 싶다.[107]

대학 졸업 후 좋은 직장을 구할 것이며 결혼은 30세쯤에 하고 싶다.[108] 남편의 나이와 외모는 중요하지 않으나 담배와 술을 하지 말아야 한다.[109] 그러나 가장 중요한 것은 서로 사랑하는 것이다. 신혼여행은 프랑스로 가고 싶고 아들이나 딸, 한 명의 아이를 갖고 싶다.[110] 귀여운 개도 기르고 싶다. 나의 꿈의 주거지는 시내인데 편리하고 할 것이 많기 때문이다.[111]

60세가 되면 바다가 보이는 시골에서 살고 싶다.[112] 그곳에 작은 집을 짓고 남편과 살고 싶다. 부유할 필요는 없지만 건강하고 행복하게 살고 싶다.[113] 또한 남편과 서로 평생 사랑하길 바란다.

105 1) 주어: 불특정 일반 사람 2) 어릴 때 när man är liten
106 시간 종속접속사: 나이가 들면/~세가 되면 när ~
107 1) 북구 Norden 2) 부사어의 순서: 장소부사어 > 시간부사어 > 기타 부사어
108 직장을 구하다 skaffa arbete/jobb 2) ~세쯤 vid ~ års ålder
109 1) 외모 ett utseende 2) ~은 상관없다/중요하지 않다 ~ spela ingen roll 3) 담배를 안 하는 rökfri, 술을 안 하는 spritfri
110 신혼여행을 가다 resa på bröllopsresa/ha en bröllopsresa
111 꿈의 주거지 en drömbostad
112 ~ 인/하는 곳 där (관계부사) 주어 + 동사
113 건강하게 살다 leva frisk (형용사)

## Efter examen (1)

나는 스웨덴 문학에 매우 관심이 많아 외대(HUFS)에서 전공으로 스웨덴어를 선택하였다. 스웨덴어를 현재 3년 동안 배웠으나 스웨덴어를 잘 구사한다고 생각하지 않는다. 나는 시간이 있으면 공원에서 산책을 하거나 자전거를 탄다. 친구들과 어울리는 것도 좋아한다.

대학 공부 외에 일 년 반 전부터 한 출판사의 편집자로 일하기 시작하였다.[114] 주로 철학과 역사에 관한 책을 편집한다.[115] 현재는 문화역사 서적을 편집하고 있다.[116] 나는 일에 만족하고 (일이) 재미있기도 하지만 너무 힘들다고도 생각한다.

나는 "왜 이 직업을 선택했어요?"라는 질문에 익숙하다.[117] 이 질문에 대한 답은 내가 책을 좋아하고 새로운 것을 만들어 내는 것에 흥미가 있다는 것이다.[118] 평등과 인권을 다루는 흥미롭고 내용이 풍부한 책을 편집하는 것이 나의 목표이다.[119]

나는 아직 졸업을 하지 못했다.[120] 하루빨리/곧 학업을 마치고 학위를 받을 수 있기를 희망한다.[121]

**114** 1) ~외에 vid sidan om ~ 2) 출판사 ett bokförlag 3) 편집자 en redaktör
**115** 1) 편집하다 redigera 2) 철학 (en) filosofi
**116** 문화역사의 kulturhistorisk
**117** 1) 직접인용: 의문사 의문문 2) ~에 익숙하다 vara van vid ~
**118** ~에 대한 답 ett svar på ~
**119** 1) 평등 (en) jämställdhet 2) 인권 en mänsklig rättighet 3) 내용이 풍부한 innehållsrik
**120** (대학을) 졸업하다/(학사) 학위를 받다 avlägga/ta (akademisk) examen
**121** 학업을 마치다 vara klar med utbildningen

## Efter examen (2)

나는 요즈음 졸업 후 무엇을 할지 자주 생각한다.[122] 솔직히 나는 무엇이 되고 싶은지 생각이 없다.[123] 나의 동기 친구들은 졸업 후 무엇이 될지 목표가 있다.[124] 그런데 나는 무엇이 되고 싶은지 목표가 없다. 내가 무엇을 잘하는지 모른다. 대학에서 공부를 하기 시작하면 무엇이 되고 싶은지 찾을 거라고 생각했다.[125]

아마도 졸업 후 석사과정을 준비하게 될 것 같다. 어떤 과목을 공부해야 할지 결정하지 못했고 고민 중이다.[126] 정치학에 조금 관심이 있지만 결정하는 데 너무 성급하고 싶지는 않다.[127] 내 자신의 길을 갈 수 있길 희망한다.[128]

**122** ~에 대해 생각하다/고민하다 tänka/fundera på/över ~
**123** 1) 솔직히 (말해서) ärligt/uppriktigt sagt 2) ~에 대한 생각이 없다 ha ingen idé om ~
**124** 동기의/나이가 같은 jämnåriga
**125** ~ 을 생각해 내다/~이 떠오르다 komma på ~
**126** ~ 중이다 hålla på att ~
**127** ~에 급하다/바쁘다 ha bråttom med att ~
**128** 자신의 길을 가다 gå sin egen väg

## Min familj

우리 가족은 소가족이다.[129] 부모님은 나이가 같고 언니는 나보다 3살이 많다.[130]

아빠는 커피를 좋아하셔서 때때로 커피를 내리신다. 퇴직 후 카페를 운영하고 싶어 하신다.[131] 엄마는 독실한 기독교인이시다.[132] 항상 가족을 위해 기도하시기 때문에 나는 엄마에게 감사하다.[133] 부모님은 금요일 저녁마다 오페라 프로그램을 보신다. 나는 오페라 음악을 좋아하지 않기 때문에 내 방문을 닫는다. 언니는 미국에서 거의 8년 동안 살아서 영어를 유창하게 구사한다. 현재는 학원에서 영어를 가르친다.

나는 가족과 함께 유럽으로 여행을 가는 희망을 가지고 있다.[134] 엄마가 아름다운 경치를 볼 수 있기를 바란다.[135] 우리 가족이 유럽 여행에서 아름다운 추억을 갖는다면 좋겠다.[136]

**129** 가족이 많다/적다 ha en stor/liten familj
**130** 나이가 같다 vara jämnåriga/lika gamla/i samma ålder
**131** (회사 등을) 운영하다 driva
**132** 1) 독실한 troende 2) 기독교인 en kristen
**133** 1) ~에게 ~으로 고마워하다 vara någon tacksam för något- 2) 기도하다 be
**134** 희망 (en) önskan
**135** 경치/풍경 ett landskap
**136** 기원문/가정문: 주어 + skulle + infinitiv, om 주어 + 과거

## Min vän (1)

나는 내 여자친구에 관해 쓰고 싶다.

우리는 이번 봄 대학의 한 학생 클럽에서 만났다.[137] 나는 클럽의 회장이었고 여자친구는 새 회원이었다.[138] 처음엔 나에게 계속해서 메시지를 보내서 이상하다고 생각하였다.[139] 게다가 술에 취하면 집에 가려 하지 않았는데 나는 그게 싫었다.[140] 다른 회원들과 함께 춤을 연습한 여름에 우리는 친한 친구가 되었다.[141] 우리는 거의 매일 만났고 연습 후에는 맥주를 마셨다.[142] 그러면서/그때 나는 여자친구가 사려심이 깊은 사람이라는 것을 알게 되었다.[143] 내가 힘들 때 여자친구는 나를 많이 위로해 주었다.[144] 우리는 공통점도 많았다, 특히 음악과 술에.[145] 나는 처음엔 여자친구가 그냥 좋은 친구라고 생각했다. 그러나 여자친구가 없으면 외롭다는 것을 후에 알았다.

나는 여자친구를 사랑하고 있다는 것을 깨닫게 되었고 9월부터 우리는 사귀는 관계가 되었다.[146] 여자친구와 함께 있으면 나는 아주 행복함을 느낀다. 때때로 다투지만 우리는 함께 문제를 해결하려 노력한다. 그녀는 좋은 친구이자 여자친구이며 나는 그녀를 사랑한다.

**137** 학생클럽 en studentklubb
**138** 회장 en ordförande
**139** 1) 필수문장성분: 주어 2) 계속해서 ständigt 2) 메시지 ett meddelande/ett sms (문자메시지)
**140** 1) 게다가 dessutom 2) 절 전체를 받는 관계대명사 vilket
**141** 연습하다 öva/träna
**142** 연습 en övning/en träning
**143** 사려심이 있는 omtänksam
**144** 1) (어렵고) 힘들다 ha det svårt/känna sig tungsint 2) 위로하다 trösta
**145** 1) (~와) 공통점이 있다 ha (något) gemensamt (med ~) 2) 특히 speciellt/särskilt 3) 술 alkoholhaltiga drycker/(en) sprit
**146** 1) 깨닫다 inse, upptäcka 2) ~와 (정식으로) 사귀는 사이다 ha ett förhållande med ~ 2) 시간전치사: ~부터 sedan ~

## Min vän (2)

나는 오늘 친한 친구 Billy를 소개하고 싶다.[147]

Billy는 나와 같은 해에 태어났고 대학에서 컴퓨터공학을 공부하고 있다.[148] 내가 17살이었을 때 고등학교에서 Billy를 알게 되었다.[149] 우리는 취미가 같고 음악과 영화에 대한 관심과 취향도 비슷하다.[150] 우리는 고등학교 졸업 무렵 기차를 타고 국내 한 도시에 여행을 갔다.[151] 여행 가서 밤에는 텐트에서 자고 낮에는 도시를 구경하였다.[152]

지금 우리는 다른 지역에 있는 대학에 다니고 있다. 자주 만날 수는 없지만 전화로 얘기를 많이 한다. 내가 힘들 때 그리고 만나고 싶을 때 서로 멀리 떨어져 살기 때문에 아쉽다는 생각이 든다.[153] Billy가 내 이야기를 잘 들어주는 것만으로도 나는 기분이 좋아진다.[154] Billy는 요즈음 미래에 대해 걱정하고 있다. 미국이나 독일에서 더 공부를 하거나 일을 하기 위해 외국으로 떠날 생각이다. 결심을 하는 것이 어렵지만 어떠한 선택을 하든지 상관없이 Billy는 잘 해내리라 생각한다.[155]

**147** ~를 소개하다 presentera

**148** 1) 같은 해에 태어나다 A och B är årsbarn/är födda samma år 2) 컴퓨터공학 (en) datavetenskap

**149** ~을 알게 되다 lära känna ~

**150** 1) ~에 대한/관해 när det gäller ~ 2) 취향 (en) smak

**151** (고등학교) 입학/졸업 무렵에 i början/slutet av (gymnasiet)

**152** 텐트에서 자다 sova i tält

**153** 1) ~와 멀리 떨어져 살다 bo långt borta från ~ 2) ~이 아쉽다/유감이다 det vara synd att ~

**154** 기분이 좋다/나쁘다 vara på gott/dåligt humör

**155** 1) 잘 해내다/성공하다 lyckas 2) ~에 상관없이 oavsett

## Mitt sommar-/vinterlov (1)

나는 대학에서 스웨덴어를 공부한다. 작년엔 1년 동안 워킹 홀리데이 비자로 스웨덴에서 거주하였다.[156] 매주 토요일에는 스웨덴 한국학교에서 스웨덴 학생들에게 한국어를 가르쳤다.[157] 스웨덴에 언젠가 다시 가게 된다면 한국어를 계속해서 가르치고 싶다. 나는 내가 얼마나 잘 한국어를 가르쳤는지 생각해 보았다. 한국에서 스웨덴어를 배우면서 대학에서 외국어로서의 한국어 강의를 수강할 계획이다.[158]

여름방학 동안 나는 친구들과 여행을 많이 하려고 생각하였다. 그러나 날씨가 장마와 태풍으로 매우 나빴고 코로나 사태도 발생하여서 집에 있어야 했다.[159] 집에서 더 많은 시간을 보내면서 집에서 할 수 있는 새로운 것들을 발견하였다.[160] 이전에는 기타를 쳐보지 않았지만 기타 연주하는 것을 아빠가 가르쳐 주셨다.[161] 그림 그리는 것을 전혀 좋아해 본 적이 없지만 그림 그리는 것도 시작하였다.[162] 소설과 사회과학에 관한 책을 비롯하여 많은 책들도 읽었다.[163] 운전면허증도 땄지만 운전에 익숙해지려면 (운전)연습이 더 필요하다.[164] 친구 한 명과 카페에서 일을 하였다. 일은 힘들었지만 동시에 재미도 있었다.[165] 그러나 여름방학 동안 일어났던 것 중 가장 중요한 것은 여자친구가 생겼다는 것이다. 스웨덴 출신으로 매우 괜찮다. 여자친구는 내 삶의 원동력이다.[166] 그 나름대로 힐링이 되는 여름이 되었다.[167]

**156** 워킹 홀리데이 비자 ett arbetssemestervisum
**157** 스웨덴 한국학교 Koreanska skolan i Stockholm
**158** 외국어로서의 한국어 koreanska som främmande språk
**159** 1) 장마 en regnperiod 2) 태풍 en tyfon 3) 코로나사태 en conronakris 4) 발생하다 inträffa
**160** (시간을) 보내다 tillbringa
**161** ~에게 ~을 가르치다 lära någon något
**162** (펜을 사용하여) 그리다 rita/(붓을 사용하여) 그리다 måla
**163** 사회과학 (en) samhällsvetenskap
**164** 1) 운전면허증 따다 ta körkort 2) ~에 익숙해지다 vänja sig vid ~/bli van vid ~
**165** 동시에 samtidigt
**166** 1) ~의 삶/인생에서: i + 소유대명사/명사의 소유격 liv 2) 원동력 (en) drivkraft
**167** 1) 그 나름대로/어찌 보면 på sitt sätt/på sätt och vis 2) 힐링이 되는, 기분전환이 되는 avkopplande

## Mitt sommar-/vinterlov (2)

이번 겨울에 나는 친구와 함께 스톡홀름에 있는 folkuniversitet에서 스웨덴어를 공부하려고 스웨덴에 갔었다. 반에는, 예를 들면 이탈리아, 벨기에 및 미국 등, 여러 국가에서 온 약 12명의 학생들이 있었다. 그들은 스웨덴에서 살기 위해 혹은 직업을 구하기 위해 스웨덴어를 공부하였다. 그래서 그들은 매우 열심이었다.[168] 스웨덴어로 말을 하는 것은 어려웠지만 선생님은 매우 친절하였고 학생들 또한 그러하였다.[169] 스웨덴 체류 중 한국에 커다란 관심이 있는 여러 명의 스웨덴인들을 만났다.[170] 대부분이 특히 K-POP과 한글을 좋아하였다. 그들이 한국 문화를 좋아하였기 때문에 함께 대화하는 것이 재미있었다. 스톡홀름에서 짧은 기간 동안 스웨덴어를 공부하였지만 전공인 스웨덴어에 더 많은 관심이 생기게 되었다. 언젠가 스웨덴어를 더 공부하고 싶다.

스웨덴에서 공부를 마치고 나는 기차를 타고 덴마크와 노르웨이로 2주간 여행을 갔다. 두 국가 모두 아름다운 자연과 흥미로운 사회가 있다.[171] 다음 날 병이 났지만 최고의 경험은 노르웨이 산에서 하이킹을 한 것이었다.[172] 내년이나 미래에 시간이 된다면 스웨덴에서 여행을 하지 않았기 때문에 스웨덴에 다시 가고 싶다.

나는 한국에 돌아온 후 한 주 동안 쉬고 다음 학기 준비를 하였다. 스칸디나비아 국가에서의 많은 추억으로 겨울방학이 정말 성공적이었다고 생각한다.

**168** 열심인/부지런한 flitig
**169** 그러하다: 인칭대명사 det
**170** 체류 en vistelse
**171** 두 국가 båda länderna (명사 정형)
**172** (그) 다음 날: dagen efter/dagen därpå 2) 산에서 하이킹하다 vandra i fjällen/bergen

## Vad är lycka? (1)

많은 사람들은 무엇인가가 부족해서 불행하다고 생각한다.[173] 그래서 가지고 싶은 것을 소유하거나 꿈꾸어 왔던 것을 함으로써 행복해질 수 있다고 생각한다. 그러면 행복함을 느낀다. 그러나 이 느낌은 불행하게도 곧 사라지게 되고 다른 새로운 욕망을 부르곤 한다.[174] 사람들은 삶을 위해 새로운 것을 원함으로써 고통을 받는다.[175]

나는 사람들이 삶에 만족하려 노력한다면 행복해질 수 있다고 생각한다. 경험하는 것들과 만나는 사람들에 대해 생각해야 한다. 항상 쉽지는 않지만 돈이 필요하지 않기 때문에 모두들 할 수 있다. 행복하지 않다고 생각한다면 (행복함을 느끼게 해주는) 올바른 것들에 대해 생각하고 있는지 생각해봐야 한다.[176]

행복하기 위해 중요한 것은 다른 게 아니라 바로 마음(가짐)이다.[177] 삶에 만족한 사람은 슬픈 일이 일어난다 할지라도 행복할 수가 있다.[178] 반면에 항상 불평을 하는 사람은 아무리 좋은 일이 일어나도 행복할 수가 없다.[179]

**173** ~이 부족 brist på ~
**174** 1) 욕망 (ett) begär 2) 부르다/야기하다 orsaka
**175** ~로 고통을 받다 lida av ~
**176** 맞는/올바른 rätt
**177** 1) 다른 게 아니라 바로 ~이다 vara inget annat än ~ 2) 마음(가짐) (ett) sinnelag
**178** ~하는 사람 den som ~
**179** 반면에/한편 däremot

## Vad är lycka? (2)

전에는 학업이나 커리어에서 성공을 하면 행복할 것이라고 생각하였지만 요즈음엔 행복이 나의 성공과는 직접적으로 연관이 있다고는 생각하지 않는다.[180] 나는 여러 가지로 스트레스를 받거나 압박을 느끼면 불행해진다는 것을 깨달았다.[181] 스트레스는 예를 들면, 너무 많은 과제, 미래에 대한 불확실성이나 다른 사람과의 갈등으로 유발된다고 생각한다.[182]

반면에 나는 가족이나 친구들과 얘기를 하거나, 클래식 음악을 듣거나 좋아하는 책을 읽으면 행복해진다. 나를 행복하게 하는 것은 커다란 것이 아니다.[183]

어떤 사람들은 행복해지기 위해 돈을 많이 벌거나 비교적 높은 지위를 얻는 것이 중요하다고 생각하지만 나는 지금 가지고 있는 것에 이미 만족한다.[184]

좋은 사회가 사람들을 행복하게 만드는 데 중요한 역할을 한다.[185] 사회가 불공평하고 너무 경쟁 지향적이라면 사람들은 아마도 괴로움과 무능함을 느낄 것이다.[186] 사회에 다양성이 존재하는 것 또한 중요하다.

**180** 1) 커리어 en karriär 2) 성공 en framgång 3) ~와 연관이 있다/연결되다 vara relaterad/kopplad till ~/ ha samband med ~

**181** 압박을 느끼다 känna sig pressad

**182** 1) 불확실성 (en) osäkerhet 2) 갈등 en konflikt 3) 유발하다 orsaka/framkalla

**183** 강조 구문: ~ 한 것은 ~이다 det är/var ~ som 주어 + 동사

**184** 어떤/일부 사람들 vissa/somliga (människor/personer) 2) 지위, 위치 en ställning 3) (지위 등에) 도달하다 uppnå

**185** ~에 역할을 하다 spela en roll för ~

**186** 1) 불공평한 orättvis 2) 경쟁 지향적인 konkurrensinriktad 3) 괴로운 bedrövad 4) 무능한 oduglig/ inkompetent

## Ett mail/ett brev (1)

Ellen에게![187]

너와 부모님도 잘 계시지?

어제 전철역에서 너를 보고 매우 기뻤어.[188] 본 지 좀 되었지. 너하고 얘기를 나눌 시간이 없어 안타까웠어. 수업에 늦어 최근에 어떻게 지냈는지 물어볼 수 없었어.[189] 공무원 시험을 준비하느라 매우 바쁘다고 들었어.[190] 시험은 어떻게 되었어? 붙었기를 바라.[191]

(내 얘기를 하자면) 나는 이번 여름 한 학기 휴학을 계획하고 있어.[192] 파트타임으로 일하면서 앞으로 내 인생을 어떻게 살지 고민하고 싶어.[193] 혹시 시간과 의향이 있으면 너를 즐거이 만나고 싶어.[194] 다음 달은 어때?[195] 편한 시간 알려줘.[196] 곧 보자.

그때까지 잘 지내고 부모님께 안부 전해드려 줘![197]

안부를 보내며[198]

Stina

**187** 서신/메일의 인사말: Hej!, Hej + 이름!

**188** 전철역 en tunnelbanestation

**189** ~에 늦다 vara försenad/sen till ~

**190** 1) 공무원 시험 ett prov för att kunna bli tjänsteman 2) ~로 바쁘다, ~일이 (아주) 많다 ha fullt upp med att ~

**191** (시험에) 붙다/합격하다 klara

**192** 1) 내 얘기를 하자면/내 경우는 för min del 2) 한 학기/일 년 휴학하다 ta en sabbatstermin/ett sabbatsår, ta en termins/ett års studieuppehåll

**193** 파트타임으로 일하다 arbeta/ha deltid, 전일제로 일하다 arbeta heltid

**194** 1) 의향 (en) lust 2) 즐거이/기꺼이 gärna

**195** ~에 대해서 어떻게 생각해? Vad tycker/säger du om ~?, Vad sägs om ~

**196** 네가 편할 때/시간이 될 때 när det passar dig

**197** 1) 그때까지 till dess 2) ~에게 안부를 전하다 hälsa ~

**198** 서신/메일의 맺음말: Med vänlig hälsning (Mvh), (Många/varma) hälsningar

## Ett mail/ett brev (2)

사랑하는 아빠에게![199]

생일 축하해요![200]

이 기회에 저에 대한 지원에 대해 감사를 표현하고 싶어요.[201] 저는 아빠와 엄마 덕분에 걱정 없이 대학에서 공부에 전념할 수 있어요.[202] 두 분이 지금까지/평생동안 여러 가지로 저를 지원해 주셨어요.[203] 두 분께 감사를 표현해야 했는데 감정 표현을 부끄러워하기 때문에 못 했어요.[204] 나아지도록 노력할게요.[205] 다시 한번 모든 것에 감사해요.[206]

아빠에게 작은 생일선물을 며칠 전에 부쳤어요. 아마 오늘 받을 거예요. 좋아하시기를 바라요. 마음에 들지 않으면 백화점에 가셔서 영수증 없이 다른 제품으로 바꿀 수 있어요.[207] 멋진 하루 되세요![208] 다음 주말에 방문할게요. 곧 만나요.

뽀뽀와 포옹을[209]
딸 민하

199 사랑하는 아빠 käre/bäste papa, 사랑하는 엄마 kära/bästa mamma
200 ~의 생일을 축하하다 gratulera ~ på födelsedagen
201 1) 기회에 ~ 하다 passa på att ~ 2) 지원/지지 (ett) stöd
202 1) ~ 덕분에 tack vare ~ 2) 걱정 없이 utan bekymmer 3) ~에 전념/몰두하다 ägna sig åt ~
203 1) 평생동안 under hela livet, ~의 평생동안 under hela + 소유대명사 + liv 2) 여러 가지로/여러 방법으로 på många sätt 3) 지원/지지하다 stötta/stödja
204 ~에 감사를 표현하다 uttrycka tacksamhet till ~ 2) 감정 en känsla 3) 부끄러운/수줍은 blyg
205 나아지다/개선하다 förbättra sig
206 다시 한번 än(nu) en gång
207 1) 영수증 ett kvitto 2) ~을 ~으로 바꾸다/교환하다 byta något mot något annat
208 오늘 ~하루 되세요! Ha en ~ dag i dag!
209 포옹 en kram

## Ett mail/ett brev (3)

안녕하세요?

제 이름은 Noah Johansson이며 30살의 미혼/독신 남성으로 스톡홀름 시내 혹은 그 주변 지역에서 거주할 집을 구하고 있습니다.[210] 저는 비교적 장기간의 2차 임대차계약이 되는 아파트에 우선적으로 관심이 있습니다.[211] 그러나 임대 (원)룸도 관심이 있습니다.[212] 저는 현재 Kungsholmen에서 2차 임대로 살고 있지만 계약이 곧 만료되어서 최대한 빨리 다른 거주지가 필요합니다.[213]

저는 침착하고 깔끔한 사람입니다.[214] 비흡연자이며 애완동물도 없습니다.[215] 저는 직업이 도서관 사서로 현재 한 달에 약 25,000크로나의 수입이 있고 한 달에 약 9000크로나를 임대료로 지불할 수 있습니다.[216] 현 임대인의 추천서가 있습니다.[217]

임대 주택이 있으면 연락 주세요!

종결어구

Noah Johansson

이메일: noah.johansson@coolmail.com

전화번호:

210 1) 독신의/미혼의 ensamstående/ogift 2) 시내 en innerstad 3) 주변 지역 ett närområde 3) 거주지를 구하다 söka bostad

211 1) 비교적 장기간의 längre 2) 2차 임대차계약 ett andrahandskontrakt 3) 우선적으로, 주로 främst

212 임대의/비어 있는 ledig

213 1) 1차/2차 임대로 살다 bo i första hand/andra hand 2) 만료되다/끝나다 gå ut 3) 최대한 빨리 snarast 4) ~가 필요하다 behöva ~/vara i behov av ~

214 1) 조용한/침착한 lugn 2) 깔끔한 skötsam

215 비흡연자이다 röka inte/vara icke-rökare

216 1) 사서 en bibliotekarie 2) 입/월급 en inkomst/en lön 3) 임대료/세 en hyra

217 1) 현/현재의 nuvarande 2) 임대인 en hyresvärd 3) 추천서 en referens

## Kan killar och tjejer vara vänner?[218] (1)

나는 남자와 여자는 어렸을 때만 친구가 될 수 있다고 생각한다. 일반적으로 아이들의 부모 또한 친구이다. 부모가 함께 어울리기 때문에 자연스럽게 아이들은 친구가 된다.[219]

반면에 나이가 들면 어려워진다. 왜인지는 모른다. 내 경험에 비추어 볼 때 나는 그렇게 느낀다.[220] 나이가 들면 들수록 나는 남자와 친구 되기가 어렵다. 지난 학기에 한 남사친이 나를 좋아하기 시작하였다.[221] 내가 사랑의 감정을 보여주지 않자 그는 나에게서 멀어졌다.[222] 지금 우리는 서로 연락을 하지 않는다.[223] 나는 친구 관계에서 연인 관계로 바꾸는 것이 쉽지 않다.[224] 그래서 나는 더 이상 남자와 친구와 될 수 없다고 생각한다.

남자와 여자가 성인이 되어 친구가 된다면 연인이 되곤 한다. 나는 그것을 여러 번 보았다. 내 친구 중 한 명은 같은 전공을 공부하는 여자와 친구가 되었다. 그 친구는 매일 그녀와 사귀었다. 나는 친구에게 그여자와 데이트하는지 물었다.[225] 친구는 그냥 친구라고 답을 하였다. 결국 둘은 연인이 되었다. 그래서 나는 남자와 여자가 친구가 될 수 없다고 생각한다.

**218** 남자 en man/kille (구어체) en kvinna/tjej (구어체)
**219** 자연스럽게 naturligt
**220** 내 경험에 따르면 av/utifrån min egen erfarenhet
**221** 남사친 en manlig vän/kompis
**222** 1) 사랑의 감정 kärlekskänslor 2) ~로부터 멀어지다/소원해지다 fjärma sig från ~
**223** ~와 연락이 있다/연락을 하다 ha kontakt med ~
**224** 1) 친구관계 (en) vänrelation 2) 연인관계 (kärleks-)förhållande 2) 바꾸다/전환하다 omvandla
**225** 간접의문절을 이끄는 종속접속사 om

## Kan killar och tjejer vara vänner? (2)

나는 남자와 여자가 친구가 될 수 있다고 생각한다. 성별은 중요하지 않다고 생각한다.[226] 성별보다 더 중요한 것이 많다. 누군가를 만날 때 예를 들면 편안함을 느끼는 것이 중요하다. 성과 관련이 있는 것이 아니라 인성과 관련이 있다.[227] 나에게는 여자와 좋은 친구 관계를 유지하고 있는 친구들이 많다. 어떤 사람들은 남자와 여자가 공통점이 없기 때문에 친구가 될 수 없다고 한다. 나도 공통점이 없는 사람과 친구가 되는 것이 어렵다고 생각한다. 그러나 다른 사람과 공통점이 없다는 것이 성별 때문은 아니다. 남자들이 서로 공통점이 없을 수도 있고 여자들도 마찬가지이다.[228] 친구를 사귈 때 성별이 같은 사람을 찾는 것이 아니라 맞는 사람을 찾는다.

이성과 친구가 될 수 없다고 생각하면 좋은 친구를 만날 기회가 줄어든다.[229] 또한 다른 방식으로 사물을 경험할 수 있기 때문에 이성 친구를 통해 새로운 관점에서 세상을 볼 수 있다.[230]

몇 명의 친구들은 친구였던 남자와 여자가 흔히 연인이 되기 때문에 친구가 될 수 없다고 한다. 우정과 사랑의 경계가 불분명하기 때문에 친구가 자주 연인이 되는 것 같다.[231] 우정과 사랑의 공통점은 함께 맛있는 음식을 먹고 싶고 좋은 곳에 함께 가고 싶은 것이다.[232] 그럼 우정과 사랑의 차이점은 무엇인가?[233] 모르겠다. 어떤 친구들은 우정과 사랑을 정말로 구별하기 힘들기 때문에 남자와 여자가 친구가 될 수 없다고 한다. 친구들에 따르면 경계선을 긋고 그 선을 잘 지키면 친구가 될 수 있다고 한다.[234] 나는 우정과 사랑 어디에 경계선이 있는지 잘 모르겠다. 어쨌든 나는 남자와 여자가 친구가 될 수 있다고 생각한다.[235] 진정으로 친구로 남고 싶다면 선을 지켜야 한다.[236] 가장 중요한 것은 연인이 있다면 연인을 우선시해야 한다.[237]

**226** 성별 ett kön
**227** 1) ~와 관련이 있다 ha något att göra med ~/ha samband med ~/stå i samband med ~ 2) 인성, 성격 (en) personlighet
**228** ~도 같다, ~에도 (동일하게) 해당된다 detsamma gäller för ~
**229** 1) 이성 motsatt kön 2) 기회 en chans 3) 줄어들다/감소하다 minska
**230** 관점, 시각 ett perspektiv
**231** 1) 우정 (en) vänskap 2) 경계(선) en gräns 3) 불분명한, 흐릿한 suddig
**232** A와 B의 공통점 gemensamt för A och B
**233** 차이(점) en skillnad
**234** 1) (선을) 긋다 dra 2) (선을) 지키다/유지하다 hålla
**235** 어쨌든/하여튼 i alla fall
**236** ~로 남다 förbli ~
**237** 우선시하다 prioritera

# 3 고쳐쓰기 Rättningsövningar

다음 글을 올바른 글로 고치시오.

**1.** Hana Kim är tjugoårig tjej som kommer från Dangjin.[1] Hon är en student och studerar Svenska och Spanska på universitet.[2] Under sommarlovet arbetade hon ett deltidsjobb.[3] Ju mer hon arbetar, desto jobbigare hon blir.[4] Hon frågade att pengar är viktigare än henne.[5] Hon kände att hon har inte tid för sig.[6] vad är livet?

1 부정관사 용법: 명사가 형용사나 관계절의 수식을 받을 경우 부정관사를 사용한다.
2 1) vara/bli + (직업) 명사: 무관사 2) 대문자 사용법 2) 학교 및 공공기관: 명사의 정형
3 파트타임으로 일하다 arbeta deltid
4 1) 시제: 과거에 일어난 행위를 표현하는 과거 2) 주절 어순: 동사 위치 3) Hon blir jobbig. 그녀는 (다루기) 힘든 사람이 되다, Hon blir trött 그녀는 (몸이) 피곤해지다.
5 1) 간접의문절을 이끄는 종속접속사 om 2) 주절 시제: 과거
6 1) 종속절 시제: 과거 2) 종속절 어순: 문장부사 위치 2) 종속절 시제

2. Jag är född i Yangpyeong som ligger vid Söul.[7] För tre veckor sedan reste jag till Sverige ensam.[8] Jag försökte att prata med svenska men det var mycket svårt.[9] I Chuseok ska min familj resa till Kina men det vill jag inte.[10] Därför att jag tycker inte om kinesisk mat.[11] Jag vill åka till Europa. Jag tjänade pengar att köpa flygbiljett.

3. Min husdjuret är en hund som heter Hoppsan.[12] Hoppsan väger fyra fem (4.5kg) och är lite mer tjockre än andra hundar.[13] Hoppsan är vitt därför Hoppsan liknar en isbjörn.[14] Jag promenerar med Hoppsan varje dag efter skolan men det är lite trött.[15] Hoppsan är mycket sött.[16]

7 ~에 가까운 nära ~
8 주절 어순: 부사 ensam 위치
9 타동사 prata/tala + 목적어
10 시간전치사: ~ 동안에 under ~
11 1) 종속절은 단독으로 문장을 만들 수 없다. 2) 종속절 어순: 부정사 위치
12 1) husdjur: 명사의 성 2) 소유대명사 용법
13 비교급 활용: tjock
14 1) 형용사의 서술적 용법: Hoppsan/den/hunden 명사의 성/수에 일치 2) 접속부사 därför로 새로운 문장 만들기
15 형용사: trött (주어가 사람인 경우) vs tröttsam
16 형용사 서술적 용법: 명사의 성/수에 일치

4. Det finns några ägg, majs, skinka, skiva ost och majonnäs i mitt kylskåp.[17] Jag tänker göra en sandwich till mellanmål med dem.[18] Jag knäcker ett ägg på en het stekpanna och steker ägg och två skinkor.[19] Sedan blandar jag några majs i majonnäs för att breda på ett bröd.[20] Men då kommer jag ihåg att jag har inget bröd.[21] Jag blir besviken och mer hungrig.

5. Jag tänkte att hur skulle jag göra om jag ser 50 000 won som finns på grund.[22] Först ska jag se sig om.[23] Om det finns inga människor ska hålla i handen.[24] Sedan går jag till bank.[25] Jag ska spara 50 000 won för att åka till Jeju Ö.[26]

17 1) 옥수수 (en) majs (불가산명사) 2) 햄 (en) skinka (불가산명사) 3) 치즈 (en) ost (불가산명사), 치즈 한 조각en skiva ost/en ostskiva
18 (오픈) 샌드위치 en macka
19 1) 계란을 깨다 knäcka ägg 2) 전치사: 프라이팬에 i en stekpanna
20 1) ~에 바르다 bre ~
21 종속절: 부정대명사 inget 용법
22 1) 의문사 vad가 이끄는 간접의문(종속)절 2) 종속절 어순: 주어 위치 3) 가정문: 주어 + skulle + infinitiv, om + 주어 + 과거 4) 길바닥 (en) mark
23 1) 가정문 시제 2) 재귀동사: 1인칭
24 1) 종속절: 부정대명사 inga 용법 2) 가정문 시제 3) 필수문장성분: 주어 4) 줍다 (타동사) ta upp ~ 5) 필수문장성분: 목적어
25 1) 가정문 시제: 과거 2) 특정한 업무를 수행하는 장소명사: 정형
26 대명사 용법: 명사의 반복을 피하기 위해 명사를 대명사로 대체

6. Jag går inte till säng innan jag har sömnig.[27] Därför brukar jag somna lätt. När jag inte sova tittar jag på en film eller en bok.[28] Jag också räkna från ett till tusen.[29] Då somnar jag tidigt.[30]

7. En lägenhet jag bor har tre våningar och jag bor i andra våningen.[31] Jag har bott här från detta år.[32] Mitt små hus har veranda och två fönster.[33] Ibland visar sig insekter vilket gör mig förskräckligt rädsla.[34] Framför mitt hus bor en familj men jag vet inte vem bor vid mig.[35]

27 1) 잠자리에 들다 gå till säng-s 2) 시간 종속접속사: innan과 förrän 차이 3) 미래의 행위 중 먼저 일어나는 행위: 현재완료
28 책을 읽다
29 1) 동사 부정형: 단독으로 사용될 수 없다 2) 주절 어순: 문장부사 위치
30 곧/빨리 snabbt, 일찍 tidigt
31 1) 관계대명사 som + 전치사/관계부사 där 2) på våningen 층에/i våningen 아파트에
32 1) 시제: 과거 2) 이사하다 flytta 3) 장소부사 dit/hit
33 1) 아파트 lägenhet/집 hus 2) 형용사 활용: liten 3) 부정관사 용법
34 1) 들어오다 komma in 2) ~가 ~ 하게 만들다 göra att någon/något + 동사, göra någon/något + 형용사
35 1) 집합명사 familj를 가리키는 간접의문절 종속접속사 vilka 2) 종속절 주어표시어 som 3) ~ 옆에 bredvid ~

**8.** Det har varit länge att resa utomlands med min familj.[36] Vi åkte till Nagasaki där det var hetare än Korea.[37] En fyrverkeri festivalen hölls i Nagasaki, så vi åkte dit.[38] Det var så roligt vi vill resa igen i vinter.[39]

**9.** På lördagarna sover jag två timmar längre än vanligt. Jag träffas min pojkvän varannan lördagarna.[40] Vi tycker om att resa de platser där vi har aldrig varit förut.[41] När jag inte träffar honom lagar jag mat och bjuder med mina vänner.[42] På kvällen vill jag ringa till min pojkvän i timtal.[43] Vi pratar om vad vi gjorde på lördag.[44]

36 1) ~한 것은 오래전이었다 det var länge sedan 주어 + 동사 (과거)
37 1) 더운, 따뜻한 varm 2) 비교 대상: 전치사 + 장소
38 1) 소개구문 det + 동사 + 명사 부정형 2) 불꽃축제 en fyrverkerifestival
39 1) ~ 해서 ~ 하다/~할 정도로 ~하다 så ~ att 주어 + 동사 2) ~로 여행 가다 resa + (장소)부사/till ~ 3) 기타 부사어 igen 위치
40 1) 상호동사: 주어가 복수일 때 사용 2) 부정대명사 용법: 한번 걸러 한 번 varannan + 명사 부정형
41 1) ~로 여행 가다 resa (자동사) till ~ 2) 종속절 어순: 문장부사 위치
42 ~을 ~에 초대하다 bjuda någon på något
43 ~에게 전화하다 ringa till ~ vs ~와 전화로 이야기하다 prata i telefon med ~
44 1) 종속절 시제: 현재완료 2) ~ 동안에 under 명사 정형

**10.** Eftersom sover jag sent på natten försover jag ofta mig.[45] Jag gör läxor eller titta på detta drama varje natt.[46] Det är mycket dålig vana, så jag tycker att jag ska gå i säng tidigt.[47] Nu tittar jag på Sherlock och skådespelarnas brittiska accent är attraktivt.[48] Under dagen tillbringar jag tid med min familj. Det är lyckligt.[49] Men min bror är en soldat, så han är inte här.[50] Jag är ledsen att min bror inte är här.

45 1) 종속절 어순: 주어 2) 잠이 들다 somna, 잠자리에 들다 lägga sig/gå till sängs

46 1) 동사 부정형 용법 2) 지시대명사 용법 3) 저녁 en kväll vs 밤/새벽 en natt

47 부정관사 용법

48 1) 억양/악센트 en accent 2) 형용사 서술적 용법 활용

49 (사람이) 행복한 lycklig

50 1) (직업 등이) ~이다 bli/vara + 명사 무관사 2) '직업군인이다' vs '군 복무 중이다'

**11.** Min familj, som jag mest älskar, utgörs av fyra personer.[51] De är min pappa, mamma, broder och mig.[52]

Min pappa är 54 år gammal och han är pensionär. Han satte på XX Bank, så alltid blev han trött när han kom från banken.[53] När han var liten var han fattig och kunde han inte låta bli att tjäna pengar medan han lärde sig.[54] Min mamma är 49 år gammal och hon är hemmafru. Hon är en vis kvinna och alltid ger råd mig.[55] Tidvis grälar vi för några saker men efter förstår jag hennes råd som är rätta.[56] Jag tycker att hon innehar en väsentlig del av mitt liv.[57]

Uppriktigt sagt är jag tacksam för mina föräldrar. När jag haft någonting att vilja göra tror de alltid mig om jag har en plan och en vilja.[58] Min broder tänker likadant. Han specialisera på konsten och jag tycker om hennes tavlor därför att de reflekterar hård kondition av dagens ungdomar.[59] Jag hoppas att han fortsätter att rita tavlor.

51 1) 모든 것 중에서 가장 mest av allt 2) ~로 구성되다 bestå av ~

52 1) 비인칭대명사 det: 주어 2) 남형제 en bror vs (종교에서의) 형제 en broder 3) 인칭대명사: 1인칭 주격

53 1) 근무하다 arbeta/jobba 2) 주절 어순: 주어, 문장부사 위치 3) 직장에서 집에 오다

54 1) 주어 (퇴직한 아빠): 조그만 liten vs 어린/젊은 ung 2) 주절 어순: 동사 위치 3) 의무, 강요 (과거): ~해야만 했었다 var/blev tvungen att~ 3) 배우다 lära sig vs 공부하다 studera

55 1) ~에게 충고를 주다 ge någon råd 2) 주절 어순: 문장부사 위치

56 1) ~로 다투다 bråka om ~ 2) 나중에 efteråt 3) ~가 옳다는 것을 알다/이해하다 förstå att 주어 + 동사

57 ~의 일부이다 utgöra/vara en del av ~

58 1) 관계종속절: någonting (선행사) + 관계대명사 som 2) ~을 믿다 tro på någon

59 1) ~을 전공하다 specialisera sig på ~ 2) 예술학 (en) konst 3) 소유대명사: 남형제의 4) 상황/상태 ett förhållanden/ett villkor 5) 청소년 (en) ungdom

**12.** Två år sedan jag reste alla europa med tåget.[60] Jag tänker det är bästa resa i livstid.[61] När jag gör en tur fokuserade jag att möta lokala person och uppleva annan kultur.[62] Därpå jag väljade östra europ som koreanska inte gå mycket.[63] För examplet turkiet, rumänien och bulgarien inte så mycket koreanska har varit där, så lokala personer intresserad för mig.[64] Det hjälp mig skapa nya vänner.[65]

Den mest minnesvärd i resan var inbjudan från vänner som liv i istanbul.[66] Mat och kultur var exotisk och intressant.[67] På den tiden är islamiska helg så kallat "ramadan" i natten alla person var njuta av helgdag.[68] Inbjudan är en av tradition i ramadan.[69] Serbia var också en av mest minnesvärd i resan, där har många byggnad som är bombad.[70] Det känna mig krigets skräck.[71]

60 1) 시간전치사구: ~ 전에 2) 주절 어순: 동사 위치 3) 전 유럽: hela + 명사 정형 4) 대명사 사용법: 지명

61 1) (아마도) ~라고 생각하다: tro 2) 강조구문: det är/var ~ som 주어 + 동사 3) 내 평생에 under hela mitt liv

62 1) 여행하다 resa 2) 시제: 과거시점에 일어난 행위를 묘사하는 과거 3) ~에 초점을 맞추다 fokusera på 2) 지역주민 en lokalinvånare 5) 다른 문화: 복수형 명사

63 1) 그래서 därför 2) 주절 어순: 동사 위치 3) 동부 유럽: östra Europa 4) 관계부사: där + 주어 + 동사

64 1) 예를 들면 till exempel 2) 대명사 사용법: 지명 3) 한국인: en korean 4) 주절: 가주어 det 5) 주절 어순: 동사 위치 6) ~에 관심에 있다 vara/bli intresserad av ~

65 1)~ 가 ~하는 것을 돕다 hjälpa någon (att) ~ 2) 친구를 만들다/사귀다 skaffa vänner

66 1) ~의 초대를 받다 vara inbjuden av ~ 2) ~에 살다 bo i ~ 3) 대명사 사용법: 지명

67 1) (이스탄불의) 음식과 전통: 특정 명사 1) 형용사 서술적 용법 2) 장소부사 där 추가

68 1) 그때 då 2) ~가 계속되다/진행 중이다 ~ pågå 3) 이슬람 명절 ramadan/den muslimska högtiden(/helgen) "ramadan" 4) 밤에 på natten vs 오늘 밤에 i natt 5) ~을 즐기다 njuta av ~

69 1) ~를 초대하는 것 att bjuda ~ 2) 전통 중의 하나 en av traditionerna 3) 시간전치사: ~ 동안 under ~

70 1) 세르비아 Serbien 2) ~ 한 장소 중의 한 곳: en av de ~ platserna 3) där로 새로운 문장 만들기 4) 폭격으로 부서진 sönderbombad

71 1) ~로 하여금 ~ 하게 하다 få (사역동사) någon att ~ 2) 전쟁 ett krig 3) 공포 (en) fasa

**13.** Jag är mycket lycklig. Jag har duktiga föräldrar, roliga vänner.[72] Jag tänker att jag har ingenting övrigt att önska.[73] På grund av covid-19 kan jag sällan träffa mina föräldrar men de ringer mycket och har mig i åtanke hela tiden. Jag kan känna mig deras kärlek, så jag är lycklig.[74] Mina föräldrar säger att de är lycklig att bara se mig le.[75]

En hel del gillar inte lektioner eller åka till universitetet men jag tycka om det.[76] Att ha lektioner med mina vänner sätter mig glad.[77] Särskilt älskar jag svenska lektioner bästa för att jag kan träffa min pojkvän.[78] Efter att ta lektioner promenerar vi nära universitetet.[79] Varje gång jag träffar honom blir jag lycklig. Naturligtvis är jag lycklig när jag uppnår något fantastiskt eller när något bra händer men jag föredrar något mindre som jag kan känna oftare. För då kan jag bli lycklig varje dag.[80] Han är den lyckligaste när det lönedag, men han sa att han är också tillräckligt glad när han tar en promenad och äter glass med mig.[81]

72 1) duktig ~을 잘하는, 유능한 2) 등위접속사 och
73 1) (본인의 의견) 생각하다 2) 종속절: 부정대명사 ingenting 용법
74 ~에 대한 사랑을 느끼다 känna kärlek till ~
75 1) 형용사 서술적 용법 2) ~로 행복하다 vara lycklig av ~
76 1) 수업을 듣다 ha lektioner 2) 동사 부정형 용법
77 ~를 기분 좋게/명랑하게 하다 få ~ på gott humör
78 1) 스웨덴어 수업 en svensk(a)lektion 2) 가장 좋아하다 tycka bäst/mest om, älska bäst/mest 3) 시간부사 då 추가
79 ~ 후에 efter + 명사
80 등위접속사: för 용법
81 1) 그의 경우 för hans del/honom 2) 가장 행복한 시간은 남자친구의 월급날이다 3) 월급날 en lönedag 3) 주절2 시제: 현재 4) 종속절 어순: 문장부사 위치

**14.** Jag gick till tandläkare i dag eftersom jag hade haft ont i tänderna från igår.[82] Vanligtvis har jag en spanska lektion till kl tolv men jag gick hem utan att höra lektionen.[83] Efter det att jag hade ätit en lätt lunch borstade jag tänderna ordentligt.

Jag sökte efter en tandläkare i nära mitt hus med mobile applications.[84] Det finns en populär tandläkare, så jag gick där.[85] Tandläkaren var snygg och snäll. Han frågade mig om mitt huvudämne och jag svarade att jag studerade svenska. "Du är första student av institutionen för skandinaviskt språk som jag läkar", sade han.[86] Sedan sade också han att min visdomstand växte på sned så jag måste dra ut den.[87] Jag blev ledsen därför att man brukade säga att det skulle vara mycket ont.[88] Ush![89] Jag vill verkligen inte tänka på det.

82 1) 병원/치과에 가다: gå till läkaren/tandläkaren 2) 시간전치사: ~부터 sedan ~

83 1) 스페인어 수업 en spansklektion 2) klockan의 줄임말: kl. 3) 수업에 참여하다 vara på/delta i lektionen

84 모바일 앱 en mobilapp

85 1) 찾다, 발견하다 hitta/finna 2) 존재부사 där vs 목적지를 표현하는 이동부사 dit

86 1) 독립 정관사 + 수사 + 명사 정형 2) 형용사 부가적 용법: 스칸디나비아어는 스웨덴어, 덴마크어, 노르웨이어, 총 3개의 언어를 지칭하므로 복수 4) 동사: ha

87 1) 주절 어순: 주어 위치 2) 비뚤게 (부사) snett 3) 결과 종속접속사: ~ 할 정도로 ~ 하다 så ~ att 4) 종속절 주어: 3인칭 주격 (치과의사)

88 1) 종속절 시제: 현재 2) 아프게 하다/고통, 통증을 주다 göra ont

89 철자

**15.** Eftersom jag avslutade värnplikt i december.[90] Jag hade ingenting att göra. Jag ville därför hjälpa min pappa och mamma. På morgonen jag gick till min pappas verkstad och hjälpte med datorsjobb.[91] Han var jätterolig att han kan göra jobb med bilar mer lätt.[92] Jag tvättade på verkstad runt, toalett och tittade på vad han gjorde och hur kan han tjäna pengar.[93] Jag blev lite ledsen. Efter jag visste hur mycket svårt att göra så och hur dum jag hade varit innan militärtjänst.[94]

Det var verkligen rolig tiden för mig.[95] Kanske kommer jag också att bli en pappa men kan jag bli en bra pappa som han?[96] Jag hoppas så.[97] På natten kom jag tillbaka hem.[98] Eftersom min mamma brukar gå till kyrkan på natten jag lagade middag mig själv.[99] Jag brukar laga pasta med räkor och sallad med fläsk och majonnäs.[100] När hon kom tillbaka åt hon de och blev jätte rolig.[101] Sen hon talade "Nu kan du leva ensam".[102] Jag också mådde bra.[103]

Medan jag var ut länge för att studera på universitetet och att göra militärtjänst tänkte jag inte mycket på min familj.[104] Men medan jag var med min familj mådde jag hurdyrbar de är.[105] Det var den bäst vintern min livstid nånsin därför att jag var med min familj.[106]

**90** 1) 군 복무: 명사 정형 2) 종속절 용법: 단독으로 문장 구성 불가능

**91** 1) 주절 어순: 동사 위치 2) ~의 ~을 도와주다 hjälpa någon med ~

**92** 1) någon (사람) är rolig ~가 재미있다/유머가 있다 vs någon/något (사물) är rolig(t) ~이 재미있다 2) 원인/이유 종속절: eftersom ~ 3) 종속절 시제: 과거 4) 부사 비교급: lätt 5) 자신의 일/작업

**93** 1) 세수하다/세탁하다/닦다 tvätta vs 청소하다 städa 2) 작업장: 명사의 정형 (특정 장소) 3) (작업장의) 화장실: 소유대명사 ~ toalett 3) 종속절 어순: 주어 위치 4) 종속절 시제: 과거

**94** 1) 종속절 용법: 단독으로 문장 구성 불가능 2) 시간전치사 efter vs (원인/이유) 종속접속사: eftersom 3) 깨닫다 inse 4) 종속절 어순: hur + 형용사 + 주어 + 동사 5) 군 복무: 명사 정형

**95** ~ 이다 det + vara + 명사 부정형 어구

**96** 1) ~가 되다 bli/vara + 명사 무관사 2) ~처럼 (똑같이) 좋은 아빠 en lika bra pappa som ~

**97** '아빠처럼 좋은 아빠가 되길'을 지칭하는 인칭대명사: det

**98** 밤/새벽마다 på nätterna vs 저녁마다 på kvällarna

**99** 주절어순: 동사 위치

**100** 등위접속사: ~와/그리고 ~ vs ~ 혹은/또는 ~

**101** 1) 교회에서 (돌아오다) 2) 내가 요리한 것 det som jag (hade) lagat 3) 재미있는/웃긴 rolig vs 기쁜/즐거워하는 glad 3) 합성명사: 형태

**102** 1) 시간부사: 회화체 sen vs 문어체 sedan 2) 주절 어순: 동사 위치 3) ~라고 말하다 säga 3) ~을 할 수 있다/~을 (충분히) 해내다 klara att ~

**103** 1) 주절 어순: 동사 위치 2) (몸/마음이) ~하다 må + 부사 vs (기분이) ~되다 bli + 형용사 3) 형용사: (기분이) 좋은/즐거운 glad

**104** 1) 집을 떠나 있다 vara (borta) hemifrån 2) 오랫동안 under en lång tid 3) ~ 하기 위해서: för att ~

**105** 1) 이해하다 förstå 2) 비싼 dyrbar vs 값진/귀중한 värdefull 3) 형용사 서술적 용법

**106** 1) 최상급: 정형 활용 2) ~의 인생에 있어서: i någons liv

**16.** Min favoritfilm är "Letters to juliet" som är en amerikansk film.[107] Jag tittade filmen för sex år sedan med min mamma och syster.[108] Jag har tittat på den över tio gånger och har en dvd. Jag har också musikerna i filmen.[109] En berömd skådespelerska, Amanda Seyfried, spelar en huvudroll 'Sophie'.[110] Hon är en forskare i en tidning men hon vill bli en författare.[111] Hon har en pojkvän, Victor, som är en passionerad kock.

En dag åker de till Italien men Victor är bara intresserad av saker med sin restaurang. Därför bestämmer de att resa separat och Sophie möter Juliets sekreterare i Verona. Juliets sekreterare är en tjänsteman i Verona och de svarar på brev från människor som har problem om kärlek.[112] Hon bestämmer att svarar breven tillsammans med sekreteraren under resan.[113]

En dag upptäcker hon ett brev som skrivs för 50 år sedan och hon besvarar det.[114] Några dagar senare besöker en gammal kvinna som har skrivit brevet henne.[115] Kvinnan säger hon kommer till Italien för att möta sin gammal pojkvän och Sophie går tillsammans med henne och hennes sonson och hon börjar skriva en roman om resan.[116]

Jag ser på filmen när jag känner sig tung.[117] När mina vänner ber mig att rekommendera filmer säger jag "Du måste se Letters to juliet".[118] Städerna i filmen som Verona, Siena är väldigt vackra och musikerna i filmen är också bra.[119] Jag ska resa till Europa denna vinter och jag bestäm att gå till Verona och Siena.[120] Jag vill se vackra platser visades i filmen och gå gator

**107** 대문자 사용법: 고유명사
**108** 1) ~을 보다 titta på ~ 2) 소유대명사
**109** 영화음악 (en) filmmusik/musik från film vs 음악가 en musiker
**110** (영화의) 주인공: 특정 명사
**111** 1) 연구자 forskare 2) 사실관계를 확인해 주는 일을 하다 arbeta med faktakontroll 3) vara/bli + (직업) 명사: 무관사
**112** 1) 주절2 주어: 3인칭 단수 2) 애정 문제 ett kärleksproblem
**113** 1) 동사 부정형 용법: att + infinitiv 2) ~에 답을 하다 svara på ~ (자동사) vs besvara ~ (타동사)
**114** 종속절 시제: 과거
**115** 1) 문장의 주어: sekreteraren och Juliet (de) 2) ~에게 편지를 쓰다 skriva (brev) till ~
**116** 1) 종속절: 명사절을 이끄는 일반 종속접속사 att 2) 종속절 시제: 현재완료 3) 형용사 부가적 용법: (남성 단수) 정형 활용
**117** 1) 재귀동사: 1인칭 2) 무거운 tung vs 우울한/마음이 무거운 tungsint
**118** 대문자 용법: 인명
**119** 등위접속사 och: A och B, A, B och C
**120** 1) 동사 형태: 현재형 2) ~를 걸어가다 gå vs ~를 (타고) 가다 åka

lyssnade musikerna i filmen. 121 Jag vill se filmen igen när jag skriver den här skrift nu.[122]

121 1) ~에 나온 ~ 곳들: de ~ platser som (한정대명사) visades i ~ 2) 거리를 걷다 gå på gatorna

122 1) ~ 하는 지금 nu när ~ 2) 지시대명사: 이것 detta/det här

## 17. Telefonsamtal mellan mamma och dotter som är utbytesstudent i Sverige

A: Hallå. Det är din mamma.[123] Hur är med dig?[124]

B: Jag mår bra.[125]

A: Jag ringde igår flera gånger men du svarade inte.[126]

B: Jag var ute hela dagen.

A: När du kom hem?[127]

B: Jag kom hem ungefär kl. 12.

A: Jaså, vad konstig![128] Jag ringde kl. 12. Då du var ändå inte hemma.[129]

B: Jag kommer inte ihåg men jag kom hem före 12. Det är sant. Du måste lita på mig.

A: Har du glömt vad jag sagt till dig innan du åkte till Sverige?[130] Du måste vara hemma före 12. Jag är orolig för dig jämt. Du bör inte gå så sent på kvällarna.[131] Det är farligt. Om du gör igen, får du inte pengar av mig.[132]

B: Förlåt! Igår hade vi en fest. Det var så svårt att komma hem tidigt. Från och med nästa gång ska jag komma hem före 12.[133] Det lovar jag. Förresten, varför ringde du?

A: Ja, just det. Jag vill skicka något till dig om det finns något som du saknar.[134]

B: Det finns.[135] Det är bara dig som jag saknar.

A: Jag kan inte skicka mig själv. Vill du ha något annat?

B: Då vill jag ha en kokbok, snabbnudlar och sommar kläder.[136]

**123** 소유대명사 삭제
**124** 필수 문장성분: 주어
**125** 질문에서 사용된 주어와 동사로 대답
**126** 주절 어순: 시간부사 위치
**127** 의문사 의문문: 동사 위치
**128** 형용사 서술적 용법
**129** 1) 주절 어순: 동사 위치 2) 그럼에도 ändå vs 아직/여전히 ännu
**130** 종속절 시제: 과거
**131** 외출하다 gå ut
**132** 종속절: 타동사 göra의 목적어
**133** 다음부터 hädanefter
**134** 종속절 동사 대체: (~에) ~이 있다 finnas
**135** 종속절에서 사용된 주어와 동사로 대답
**136** 합성어 용법: 붙여 쓴다.

A: Okej! Det ska jag göra snart.[137] Ingenting annat?

B: Hm mamma! Du behöver inte ringa så ofta. Det kostar mycket. I stället kan vi skriva.

A: Du behöver inte oroa dig om pengar.[138] Det är pappa och jag som betalar.

B: Okej!

A: Din pappa hälsar så mycket.[139] Hon är upptagen med att titta på tv.[140]

B: Hälsa honom! Ha det så bra! Hej då!

A: Sköt om dig. Hej hej!

137 대동사 göra 용법

138 ~을 걱정하다 oroa sig för ~

139 소유대명사 삭제

140 1) 인칭대명사: 3인칭 남성 (아빠) 2) '앉아서 ~ 하다'로 표현

## 18. Askungen

En gång var det. Det fanns en kung som hade jättevacker prinsessa.[141] Efter ett tag dö kungens fru.[142] Sedan gifte kungen om mig och två dotter av den nya fru.[143] En nya drottningen var avundsjuk på prinsessas skönheten.[144] Hon och sina döttrar elaka mot prinsessa.[145] Prinsessan kallade för Askungen.[146]

Askungens styvmor och hennes styvsystrar hörde att en bal skulle äger rum i tre dagar.[147] Slutligen ägde en bal rum av den prins som bodde nära.[148] Askungen vill gärna delta i den här balen men det kunde hon inte.[149] Efter styvsystrarna hade åkt iväg till balen sprang Askungen till vinden dit hon bodde och grät.[150]

Plötsligt dök upp hennes gudmor.[151] Gudmoder sade till Askungen att hon ska också följa med på balen.[152] Sen be gudmodern att Askungen skulle hämta några pumpa och råtta.[153] Pumpor blev vagnen och rottor blev häst.[154] Sen sade Askungen till gudmodern att hon kan inte gå till balen med hennes trasig och smutsig kläderna.[155] Hon hjälpte Askungen för att få fina kläder.[156] Till slutet fick hon åka till balen.[157]

När klockan slog tolv Askungen var redan hemma. Då kom styvsystrarna hem och

**141** 1) 고정표현 Det var en gång ~ 2) 종속절: 부정관사 용법
**142** 1) 얼마 후 efter en tid 2) 시제: 과거의 행위를 묘사하는 과거시제
**143** 1) 재귀동사: 3인칭 (kungen) 목적격 2) 동사 få 3) 의붓딸 en styvdotter 3) två + 명사 복수형 4) 결혼으로 genom äktenskap
**144** 1) 독립 정관사 용법 2) 명사 활용: (특정 명사) 정형/부정형 활용
**145** 1) 재귀 소유대명사 용법 2) 필수문장성분: 동사 3) 명사 활용: (특정 명사) 정형 활용
**146** 수동문: ~라고 불리다 kallas (för) ~
**147** 서법조동사 + infinitiv
**148** 1) 명사 활용: (특정 명사) 정형 활용 2) ~가 사는 곳 hos ~ 3) 명사 활용: (불특정 명사) 부정형 활용
**149** 1) 시제: 과거 2) 지시대명사 용법
**150** 1) ~ 한 후에 efter (det) att ~ 2) 관계부사 där: 존재 등을 표시하는 동사 (예, bo, stanna, finnas)와 사용
**151** 주절 어순: 주어 위치
**152** 1) 명사 활용: (특정 명사) 정형 활용 2) 종속절 시제: 과거미래 3) 종속절 어순: 문장부사 위치
**153** 1) 동사 부정형 용법 2) 호박 en pumpa 3) 쥐 en råtta vs 생쥐 en mus
**154** 명사 정형/부정형 용법: 이미 알고 있는 사람/사물 vs 새롭게 등장하는 사람/사물
**155** 1) 시제: 과거 2) 종속절 어순: 문장부사 위치 3) 파티/무도회에 가다: gå på fest/bal 4) 전치사: ~을 입고 i ~ 5) 재귀 소유대명사 용법
**156** ~를 도와주다 hjälpa någon att ~
**157** 마침내 till slut

berättade hur de haft roligt på balen och att de fått gåvor av en vacker och god prinsessa som dem inte kände.[158] På följande dagen gick de på balen igen och träffades den ökända prinsessan igen.[159]

158 1) 간접의문(종속절) 어순: hur + 형용사/부사 + 주어 + 동사 2) 인칭대명사: 3인칭 복수 주격

159 1) 다음날 följande dag 2) träffa (타동사) vs träffas (상호동사: 자동사) 3) 악명이 높은 ökänd vs, 모르는 okänd

# III

# 실용 글쓰기

# PRAKTISKA ÖVNINGAR

# 1 자기소개서/지원서 Personligt brev

## 자기소개서/지원서 (1)

인사말[1]

안녕하세요? 제 이름은 박한나입니다. AA 건축사사무소 채용공고를 보고 제가 적임자라고 생각하여 지원하게 되었습니다.[2] 저는 BB 대학교 건축학과를 졸업하였으며 (귀사의) 업무가 재학 기간 습득한 지식과 기술을 적용할 수 있는 좋은 기회가 될 것입니다.[3]

저의 가장 큰 장점은 인내심이 크다는 것입니다.[4] 미국에 교환학생으로 갔을 때 저는 영어가 서툴고 세상을 보는 시각이 좁다는 것을 깨달았습니다.[5] 그래서 교환 기간을 연장하고 1년

1 Bästa ○ ○ ○ (담당 부서/담당자명)

2 1) 건축사사무소 ett arkitektkontor 2) 채용공고 en annons om tjänst 3) ~의 적임자 rätt person för ~

3 1) 업무/근무 en tjänst 2) 건축학 (en) arkitektur 3) 습득하다/얻다 skaffa sig 4) 지식 (en) kunskap 5) 기술/능력 en färdighet 6) 적용하다 tillämpa

4 1) 장점 en styrka 2) 인내심이 있는/관용적인 tolerant

5 1) (시각이) 좁은 snäv 2) 시각/시력 (en) syn

동안 문화와 다양성, 건축학 강의를 듣게 되었습니다.[6] 강의를 통해 저는 영어만 배운 것이 아니라 다양성에 대한 존중과 관용이 사람들에게 얼마나 긍정적인 영향을 미칠 수 있는지도 깨닫게 되었습니다.[7] 저는 사물을 다른 관점에서 보는 관용적인 사람이 되었습니다. 따라서 저는 귀사의 다양성 및 관용 정책에 부응한다고 생각합니다.[8]

둘째로, 저는 하는 일에 항상 최선을 다하는 올바른 사람입니다.[9] 대학 재학 중 시내에 있는 큰 의류매장에서 일을 한 바 있습니다.[10] 6개월의 단기간이었지만 그곳에서도 맡은 일에 집중하며 잘 수행했습니다.[11] 편안한 공간을 만들기 위해 매장을 바꾸고, 의류 옆에 예쁜 색상으로 포토 존을 배치하여 매장이 SNS에서 자연스럽게 널리 홍보될 수 있도록 했습니다.[12] 저는 업무에 몰입하며 어떤 일을 하든 항상 효율성과 혁신을 생각합니다.[13] 이 점이 귀사에서 일을 할 때 중요한 장점으로 작용될 것이라 생각합니다.[14]

마지막으로 저는 우리가 사회에 도움이 된다고 느낄 때 모두 행복해진다고 생각합니다.[15] 저는 한때 모든 것에 무관심했던 때가 있었습니다.[16] 그 당시 대학의 지원 부서에서 우연히 일하게 되었고 이 기간 동안 어떤 방식으로든 다른 사람들을 도울 수 있어서 정말 행복함을 느꼈습니다.[17]

6 1) 교환 기간 en utbytesperiod 2) 연장하다 förlänga 2) 다양성 (en) mångfald 3) ~ (에 대한 )강의를 듣다/수강하다 gå/ta kurs om ~ vs , ~ (교과목) 강의를 듣다 gå/ta kurs i ~

7 1) 관용 (en) tolerans 2) 긍정적인 positiv 3) 영향/효과 en effekt 3) ~ (뿐만) 아니라 ~도 ~하다 inte bara ~ utan ~ också

8 1) 정책/방침/원칙 en policy 2) ~에 부응하다 leva upp till ~

9 1) 첫째로/둘째로 för det första/andra 2) 올바른 ordentlig

10 의류매장 en klädbutik/-affär

11 1) 단기직의 kortvarig 2) 일/업무/역할 ett uppdrag 3) ~에 맡겨진 som ~ anförtrotts, ~에게 ~을 맡기다 anförtro någon något 4) ~에 집중하다 koncentrera sig på ~ 2) (일 등을) 잘 하다 prestera väl/bra

12 1) 공간 ett utrymme 2) 바꾸다 ändra om 3) 포토 존 en fotozon 4) SNS sociala medier 5) 홍보/알려짐 (en) publicitet, 홍보되다/알려지다 få publicitet

13 1) 업무에 몰입하는/집중하는 arbetsfokuserad 2) 효율성 (en) effektivitet 2) 혁신 (en) innovation

14 1) 점/특성 en egenskap 2) 중요한 장점/요소/부분 en viktig del

15 마지막으로 slutligen/sist men inte minst

16 1) ~할 때가 있다 det finns en tid när ~2) ~에 무관심한 likgiltig för ~

17 1) 그 당시(에) vid den tiden 2) 지원 부서 en supportavdelning 3) 우연히 ~ 하다 råka ~ 3) 어떤 방식으로든/어떻게서든 på något sätt

저는 건축으로 (이) 사회, 동료 및 회사에 도움이 되고 싶습니다. 이력서를 검토해 주셔서 감사하며 기회가 된다면 면접에서 자세한 말씀 나눌 수 있기를 희망합니다.[18] 궁금하신 것이 있으시면 언제든지 연락 주십시오.

끝인사[19]

박한나

18 자주 사용되는 자기소개서 종결어구: Hoppas att jag har fångat ert intresse och att jag får möjligheten att berätta mer i/under en intervju.

19 Med vänliga/varma/hjärtliga hälsningar

## 자기소개서/지원서 (2)

**XXX 자산운용사 펀드매니저 지원서**[20]

인사말

귀하의 포트폴리오에 추가할 새로운 회사를 찾는 직무에 적합한 인재를 찾고 있다는 귀하의 광고를 보고 지원합니다.[21] 저는 회계와 사업경영에 대한 지식이 풍부하고 비즈니스 분석에도 많은 경험이 있습니다.[22] 그래서 저는 이 직무가 저에게 적합할 것이라고 생각하여 지원하게 되었습니다.[23]

저는 HUFS에서 경영학 학사 학위를 받았습니다.[24] 대학에서 성공적인 비즈니스/기업을 위한 재무 관리, 마케팅 및 공급망 관리 전략에 대해 많이 배우게 되어 투자가치가 있는 회사를 찾는 능력을 기르게 되었습니다.[25] 회계사 자격증을 가지고 있으며 회계지식을 바탕으로 저평가되어 있지만 현금 창출력이 좋은 회사를 찾은 적도 있습니다.[26] 또한 저는 JP Morgan에서 3년 동안 반도체 분석가로 성공적으로 근무한 경험이 있습니다.[27] 그곳에서의 저의 좋은 경험이 숨은 우수기업 발굴에 큰 도움이 될 것으로 생각합니다.[28]

20 1) 지원서 (en) ansökan 2) 자산운용사 en kapitalförvaltare 3) 펀드매니저 en fondförvaltare
21 1) 포트폴리오 en portfolio 2) 추가하다/더하다 lägga till 3) (학교/기업 등에) 지원하다 ansöka
22 1) 회계 (en) redovisning 2) 사업경영 (en) företagsekonomi 3) 비즈니스/기업 분석 en företagsanalys
23 ~에게 적합하다/맞다/어울리다 passa ~
24 ~ 석사 학위 en kandidatexamen i ~
25 1) 성공적인 framgångsrik 2) 재무관리 (en) ekonomisk förvaltning 3) 마케팅 (en) marknadsföring 4) 공급망 관리 supply chain management 5) 전략 en strategi 6) 투자하다 satsa på, investera 7) 능력 en förmåga
26 1) 회계사 자격증 en revisorslicens 2) 회계지식 kunskaper i redovisning 3) ~을 바탕으로/~로부터 utifrån ~ 4) 저평가된 undervärderad 5) 현금 창출력 (en) kassagenererande kraft
27 반도체 분석가 en halvledaranalytiker
28 1) 숨은 dold 2) 발굴하다/발견하다 upptäcka

이력서를 검토해 주셔서 감사하며 기회가 된다면 면접에서 자세한 말씀 나눌 수 있기를 희망합니다. 궁금하신 것이 있으시면 언제든지 연락 주십시오. 감사합니다.

끝인사

이상수

# 2 요약문 Sammanfattningar

## "러시아의 우크라이나 침공으로 서양 식음료 대기업들 러시아에서 철수 압박을 받다."[1]

맥도날드와 코카콜라사는 이번 러시아의 침공에 목소리를 내지 않은 채 러시아에서 영업을 계속하고 있다는 이유로 SNS상에서 비난받고 있다.[2] KFC, 펩시, 스타벅스, 버거킹 등 다른 유명 서양 기업들에도 러시아 내 매장을 폐쇄하거나 대(對)러 판매를 중단하라는 목소리가 나온다.[3] 그러나 대부분의 기업은 이번 논란에 침묵으로 일관하고 있다.[4] KFC, 펩시, 스타벅스, 버거킹 또한 BBC의 인터뷰 요청을 거절했다.[5] BBC가 인터뷰를 요청한 기업들은 모두 러시아에 많은 매장을 두고 있다.

1 1) 우크라이나 Ukraina 2) 침공 (en) invasion 3) 서양의 västerländsk 4) 식음료 대기업 en mat- och dryckesjätte 5) ~에서 철수하다 dra sig tillbaka från ~ 6) ~에 압박을 가하다 sätta press på ~
2 목소리를 내다/언급하다 nämna 2) 운영하다/영업하다 verka 3) 비난받다/지적을 받다 kritiseras/bli kritiserad
3 1) 폐쇄하다/닫다 stänga 2) ~가 ~하라는 목소리가 나온다/~ 할 것을 요구하다/권하다 uppmana någon att ~ / ~ uppmanas att ~
4 1) 논란, 문제 en fråga 2) 침묵으로 일관하다/(남아)있다 förbli tyst
5 1) 인터뷰 en intervju 2) 요청 en förfrågning 4) ~을 거절하다/응하지 않다 tacka nej till ~

패스트푸드 체인 기업인 KFC는 작년 러시아에서 매장 1,000곳을 달성했다.[6] 작년에는 매년 신규 매장 100여 곳 개장이 목표라고 밝힌 바 있다.[7] 맥도날드 웹사이트의 최근 정보에 따르면 현재 러시아에는 맥도날드 매장 847곳이 영업 중이다.[8] 전 세계 대부분 맥도날드 매장은 가맹점 형태로 운영되는 반면, 러시아의 맥도날드 매장은 대부분 본사 직영점이다.[9] 수십 년간 러시아에서 존재감을 키워온 맥도날드와 펩시 두 기업 모두 뉴욕주 연기금으로부터 지적받았다.[10]

영국 International Business Ethics Institute (IBE)의 Ian Peters 소장은 "이런 상황에서 기업이 어떻게 대처하는가에 따라 전 세계는 평가를 달리할 것"이라고 말했다.[11] 또한 Peters 소장은 "기업은 항상 비교적 큰 그림을 보고 장기적으로 생각해서 옳은 일을 추구하는 것이 더 좋다"라고 조언했다.[12] 대부분의 기업은 중대한 결정을 내릴 때 사용하는 소위 "윤리적 나침반" 같은 지침이 있어야 한다고 언급했다.[13]

한편 영국 Henry Business School 경영윤리학 Cleo Acribo 교수는 식음료 기업들은 컨설팅 기업 등 타 분야의 기업들보다 이런 상황에서 결정을 내리기 더 어려울 수 있다고 말했다.[14] "제재가 러시아 국민들의 기초 물품에 대한 접근과 존엄성을 박탈하는 것이라면 기업들은 더욱 신중해야 한다"라고 Acribo 교수는 덧붙였다.[15]

(출처: https://www.bbc.com/korean/news-60657670)

6 패스트푸드 체인 en snabbmatskedja 2) 달성하다, 가지다 ha

7 밝히다/발표하다 tillkännage

8 웹사이트 en hemsida

9 1) 전 세계 runt om i världen/världen över 2) 가맹점 en franchisetagare 3) ~의 형태로 i form av ~ 4) 본사 ett huvudkontor 5) ~ 직영점이다/~에 의해 운영이 되다 skötas direkt av ~

10 1) 십 년 ett decennium/ett årtionde vs 수십 년 decennier/årtionden 2) 존재감을 키우다 öka sin närvaro 3) 뉴욕주 연기금 staten New Yorks pensionsfond

11 1) (연구소 등) 소장 en föreståndare 2) 상황 en omständighet/en situation 3) 어떻게 대처하는가/무엇을 하는가 4) ~에 따라 berodende på ~ 4) 평가하다 utvärdera

12 1) 장기적으로 långsiktigt 2) ~을 추구하다 sträva efter ~ 3) 조언하다 rå

13 1) 결정하다/결정을 내리다 fatta beslut 2) 소위 så kallad 3) 윤리적 나침반 en etisk kompass 2) 지침/가이드라인 en riktlinje

14 1) 경영윤리학 (en) affärsetik 2) 분야/부분 en sektor 3) 컨설팅기업 ett konsultföretag

15 1) 제재 en sanktion 2) 기초 물품 en basvara 3) ~에 대한 접근 tillgång till ~ 3) 존엄성 (en) värdighet 4) ~에서 ~을 박탈하다/빼앗다 beröva någon något 5) 덧붙이다/추가하다 tillägga

## *The Economist*의 'America has plan to throttle Chinese chipmakers'라는 기사에서 기자 XXX는 전략 기술에 관한 미국과 중국의 갈등에 관해 기술하고 있다.[16]

전 세계의 (국가) 정부들은 기술 통제를 둘러싼 미국과 중국 간의 갈등으로 인해 칩 제조의 전략적 중요성을 좀 더 인식하게 되었다.[17] 칩을 만드는 데 사용되는 장비의 중요성도 이제 인정되고 있다.[18]

중국 정부는 거대한 첨단 반도체 산업을 자국 내에서 발전시키려 노력하고 있다.[19] 중국은 단연코 미국 반도체 회사의 가장 큰 시장이며 전 세계 매출의 4분의 1을 차지한다.[20] 이러한 새로운 (중국에 대한) 의존도는 정치적, 상업적 문제를 야기했다.[21] 미국의 최고도 기술이 중국의 경제 목표를 지원하고 있는 것이다.[22]

오랫동안 이 불편한 문제에 대한 해결책을 모색해 온 미국 정부는 중국의 주요 칩 제조업체인 Smic을 수출 블랙리스트에 올렸다.[23] 중국 정부는 미국이 아닌 (다른 국가) 기업들에서 길을 모색하기 시작했다.[24] 일각에서는 이로 말미암아 미국이 반도체 산업에서 기술 주도권을 잃을 수 있다고 우려한다.[25]

16 1) 기사, 논문 en artikel 2) 기자 en reporter/journalist 3) 전략 기술 strategisk teknik 4) ~을 기술하다 skriva om ~/beskriva

17 1) ~에 대한 통제 control över ~ 2) 칩 제조 (en) chiptillverkning 3) 중요성 en betydelse 4) ~를 ~하게 하다 göra någon + 형용사/완료분사 5) ~을 알고 있는/의식하고 있는 medveten om ~

18 1) 장비 en utrustning 2) 인정하다 erkänna

19 1) 첨단의/고도의/고급의 avancerad 2) 반도체 산업 en halvledarindustri 3) 자국 내에서/홈그라운드에서 på hemmaplan

20 1) 단연코 definitivt 2) 시장 en marknad 3) 세계의 global 4) 매출/수익 en intäkt 4) 분수 1/4: 분자는 기수, 분모는 서수 + -del

21 1) 의존(도) ett beroende 2) 정치적인 politisk 3) 상업적인 kommersiell 4) 야기하다/만들다 skapa, orsaka

22 1) 미국의 USA:s 2) (과학) 기술 en teknologi

23 1) ~에 대한 해결책 en lösning på ~ 2) 칩 제조업체 en chiptillverkare 3) 블랙리스트 en svartlista 4) ~을 올리다/놓다 placera ~

24 1) ~가 아닌 icke- ~, en annan ~ än ~ 2) (다른) 길을 찾다/모색하다 hitta en (annan) väg/ett (annat) sätt~

25 1) 일각에서는/일부 사람들은 vissa människor 2) 주도권 (en) ledarskap 3) 잃다 tappa, förlora

미국은 첨단 반도체 생산에 사용되지 않는 다른 장비 수출은 허용하려 하고 있다. 다양한 제재조치로 미국 동맹국들이 자국의 제조업체에 동일한 수출 통제를 시작하도록 하고 있다.[26] 러시아의 우크라이나 공격 이후 이러한 가능성이 높아졌다.[27] 어떤 장비가 중국에 계속 수출될 수 있을지 결정하는 것이 어려울 수 있다. 그러나 조치가 효과가 있다면 중국 칩 제조업체가 미국을 따라잡으려면 수십 년이 필요할 것이다.[28]

26 1) 제재조치 en straffåtgärd 2) 동맹의 allierad 3) 수출통제 en exportkontroll 4) ~를 도입/시작하다 införa

27 1) 공격 en attack 2) 가능성 en chans

28 ~을 따라잡다 komma ikapp ~

# 3 주장문 Debatttexter

## 청소년 범죄에 대한 처벌을 강화해야 한다.[1]

우리는 요즈음 끔찍한 청소년 범죄를 뉴스에서 많이 접한다.[2] 많은 사람들이 어린아이들이 저질렀다고 믿기 어려울 정도로 잔인하고 무자비한 범죄의 희생이 되었다.[3] 경찰에 따르면 청소년 범죄가 2016년 6,576건에서 2017년 7,533건, 2018년 7,364건, 2019년 8,615건, 2020년 9,606건으로 급증했다고 한다.[4] 이는 지난 4년 동안 46% 증가한 것이다.

가벼운 청소년 형사처벌의 남용 사례가 증가하고 있다.[5] 범죄를 저지르는 청소년들은 흔히 자신이 비교적 가벼운 처벌을 받게 될 것을 알고 있다.[6] 그들은 처벌을 두려워하지 않고 폭력

1 1) 청소년 범죄 ett ungdomsbrott 2) 처벌 ett straff 3) 강화하다 skärpa
2 1) 끔찍한 fruktansvärd/hemsk 2) ~을 접하다 se ~
3 1) (범죄를) 저지르다 begå 2) 결과 종속접속사: ~ 할 정도로 ~ 하다 så ~ att ~ 3) 잔인한 brutal/grym 4) 무자비한 hänsynslös 5) ~의 희생이 되다 utsättas för ~/drabbas av ~/falla offer för ~
4 1) 급격히/크게 kraftigt/rejält 2) 증가하다 öka
5 1) 가벼운/약한 lindrig/mild 2) 청소년 형사처벌 en ungdomspåföljd 3) 남용 (ett) missbruk 4) 사례/사건/경우 ett fall
6 ~을 알다/의식하다 vara medveten om ~

범죄를 저지른다.[7] 지난해 대구에서는 중학생 3명이 식당 주인을 위협하고 가구를 부수는 사건이 발생했다.[8] 그들은 경찰을 부른다는 식당 주인의 경고를 무시하고 "사람을 죽여도 감옥에 가지 않는다"라고 말했다.[9]

우리는 청소년 범죄의 잠재적 희생자/피해자들을 보호해야 한다.[10] 경찰에 따르면 청소년 범죄의 재범률은 다른 범죄에 비해 3배가량 높다고 한다.[11] 많은 선량한 시민들이 그들의 희생자가 될 위험이 있다.[12] 강력한 처벌을 통해 비행 청소년을 사회로부터 장기간 고립시키는 것이 재발을 방지하는 방법이다.[13]

청소년들은 윤리적 판단력이 부족해서 범죄를 저지르기 때문에 그들의 인권을 보호하기 위해 가벼운 처벌이 필요하다고 말하는 사람들도 있다.[14] 그들은 피해자의 인권이 가해자의 인권보다 더 중요하다는 사실을 간과하고 있다.[15] 많은 희생자가 청소년 범죄로 피해를 받은 후에도 여전히 고통을 겪고 있다. 나는 그들을 보호하는 것이 형사법 제도의 주요 목표라고 생각한다.[16] 비행 청소년에 대한 개혁 프로그램과 좋은 양육을 위한 사회적 지원 대책을 마련하는 것도 필요하지만 그들의 범죄를 먼저 예방하는 것이 더 중요하다.[17]

청소년 범죄에 대한 가벼운 처벌로 인해 사적 보복 범죄가 증가할 수 있다.[18] 처벌은 범죄

7 폭력 범죄 ett våldsbrott

8 1) 식당 주인 en restaurangägare 2) 위협하다 hota 3) 부수다/망가뜨리다 förstöra 4) 사건/사고 en incident 5) 발생하다 inträffa

9 1) 경고 en varning 2) ~을 무시하다 strunta i ~ 3) 죽이다/살해하다 döda/mörda 4) 감옥에 가다 hamna/sättas i fängelse

10 1) 잠재적인 potentiell 2) 희생자/피해자 ett offer 3) 보호하다 skydda

11 1) 재범률 en återfallsfrekvens 2) ~보다 3배나 높은 tre gånger så stor som ~

12 1) 선량한 god 2) 시민 en medborgare 2) ~ (당)할 위험이 있다 riskera att ~

13 1) 강력한 sträng/hård 2) 비행 청소년/청소년 범죄자 en ungdomsbrottsling 3) 4) 장기간의 långvarig 5) 고립 (en) isolering 6) 방지하다/예방하다 förhindra

14 1) 윤리적인 etisk 2) 판단력 (ett) omdöme 3) 부족한 bristande 4) 인권 en mänsklig rättighet

15 1) 가해자/범죄자 en förövare 2) 사실 ett faktum 3) 간과하다 förbise

16 1) 보호 ett skydd 2) 형사법 제도 ett straffrättsligt system

17 1) 개혁 프로그램 ett reformprogram 2) 양육 (en) uppfostran 3) 지원 대책/조치 en stödåtgärd 4) 만들다/개발하다 utarbeta 5) 예방하다 förebygga/förhindra

18 보복 범죄 ett vedergällningsbrott/hämndbrott/en repressalie

자를 처벌함으로써 사적 보복 범죄를 방지하고 사회 질서를 유지하는 역할을 한다.[19] 물론 사적인 보복은 정당화될 수 없지만, 소년 범죄에 대한 가벼운 처벌로 인해 피해자 가족들의 보복 범죄가 증가하고 있다.[20]

**19** 1) 질서 en ordning 2) 유지하다 upprätthålla 3) ~의 역할을 하다 tjäna till att ~

**20** 1) 물론 självklart/naturligtvis 2) 정당화하다 motivera/rättfärdiga

## 스웨덴 탈원전/원자력발전소 폐쇄는 아직 너무 이르다![21]

스웨덴은 국민투표를 통해 1980년대부터 원자력을 폐쇄하기 시작했다.[22] 하지만 나는 스웨덴은 원자력을 계속 유지할 필요가 있다고 생각한다.[23]

첫째, 원자력은 경제적인 에너지원이다.[24] 우라늄 1kg에서 생산할 수 있는 에너지의 양은 석탄 3,000톤의 에너지에 해당한다.[25] 원자력은 비용 효율이 가장 높은 에너지원이다.[26] 우라늄은 전 세계적으로 고르게 분포되어 있기 때문에 공급은 국제 정세에 크게 영향을 받지 않는다.[27]

둘째, 원자력은 이웃 국가의 석탄 사용을 줄이는 데 도움이 될 수 있다.[28] 몇 년 전만 해도 스웨덴은 화석 연료에서 일반적으로 에너지를 얻는 독일과 덴마크에서 에너지를 수입하였다.[29] 따라서 석탄을 기반으로 하지 않는 안정적인 에너지 생산을 먼저 개발하고 이웃 국가들이 화석 연료를 의존하지 않도록 돕는다면 바로 그것이 진정한 환경친화적이며 기후 변화를 예방할 수 있을 것이다.[30]

셋째, 풍력은 원자력을 대체할 수 없다.[31] 많은 사람들이 원자력 대신 풍력을 늘려야 한다고 생각한다.[32] 풍력은 환경친화적인 것 같아 보인다. 그러나 풍력은 유지 비용이 매우 높기

21 1) 원자력 (en) kärnkraft, 원자력발전소 ett kärnkraftverk 2) 폐쇄하다 stänga/avveckla/lägga ner
22 국민투표 en folkomröstning
23 유지하다/보유하다 behålla
24 1) 경제적인 ekonomisk 2) 에너지원 en energikälla
25 1) 우라늄 (ett) uran 2) 에너지양 (en) energimängd 3) 석탄(ett) kol 4) ~ 해당하다/대응하다 motsvara
26 비용 효율이 좋은 kostnadseffektiv
27 1) 고르게 jämnt 2) 분포되다 vara fördelad 3) 공급 (en) tillgång 4) 국제정세 en världssituation 5) 크게/주목할 정도로 nämnvärt 5) ~의 영향을 받다 påverkas av ~
28 1) 이웃 국가 ett grannland 2) 석탄 사용 (en) kolförbrukning 3) 줄이다 minska 4) ~에 도움이 되다/기여하다 bidra till ~
29 화석연료 ett fossilt bränsle
30 1) 안정적인 stabil 2) 에너지 생산 (en) energiproduktion 3) ~에 의존하지 않는 oberoende av ~ 4) 환경친화적인 miljövänlig 3) 기후 변화 en klimatförändring
31 1) 풍력 (en) vindkraft 2) 대체하다 ersätta
32 ~ 대신 i stället för ~

때문에 수익성이 없다.[33] 또한 풍력은 날씨의 영향을 많이 받는다. 따라서 풍력을 주 에너지원으로 사용하는 것은 효율적이지 않다.[34] 불안정한 에너지 생산은 경제와 사람들의 삶에 큰 위기를 초래할 수 있기 때문에 비교적 안정적인 원자력이 훨씬 더 낫다.[35]

물론 원자력에는 한계가 있다.[36] 하지만 환경과 사람을 위해 원자력을 유지하는 것이 더 낫다고 생각한다. 원자력보다 경제적이고 안정적인 에너지 생산 방법이 개발된 후에야 원자력 폐쇄를 시작해야 한다.[37]

33 1) 유지 비용 en underhållskostnad 2) 수익성이 없는 olönsam
34 주/주된 huvudsaklig
35 1) 불안정한 instabil 2) 위기 en kris
36 한계 en begränsning
37 ~ 한 후에야 först efter att ~

# 참고문헌 Litteratur

Fasth, Cecilia & Kannermark, Anita (1997). Form i fokus. Övningsbok i svensk grammatik. Del C. Stockholm: Folkuniversitetets förlag.

Kalmström, Kate (2002). Svensk grammatik och ordbildning: regler och övningar 1. Kate Kalmström och Tallstugans förlag.

Kalmström, Kate (2002). Svensk grammatik och ordbildning: regler och övningar 2. Kate Kalmström och Tallstugans förlag.

Park, Hyeon-Sook (2010) Några grammatiska svårigheter i svenskan för koreansktalande: Med fokus på syntax. Scandinavian Studies, 11. Pp. 1-15.

박현숙 (2015). 초급 스웨덴어 문법. 서울: 한국외국어대학교 지식출판콘텐츠원.

박현숙 (2016). 중급 스웨덴어 문법1. 서울: 한국외국어대학교 지식출판콘텐츠원.

박현숙 (2019). 통사적 시각에서 본 스웨덴어 어순. 스칸디나비아 연구 24호. Pp. 67-92.

박현숙 (2021). 스웨덴어문법: 조어론과 통사론. 서울: 한국외국어대학교 지식출판콘텐츠원.

# 예시 답안 Svarsförslag

# I 문장 쓰기　Övningar på meningsnivå

## 1. 명사 Substantiv

1. I Sverige bor svenskar och de (svenskar) talar svenska.
2. Hugo är (universitets)studerande och läser företagsekonomi på ett universitet i England.
3. Erik har en lägenhet i Stockholm. Eriks/Hans lägenhet ligger i en förort till Stockholm.
   ✓ Eriks/Hans lägenhet finns i en förort till Stockholm. 문법적으로는 가능하나 부자연스러운 문장이다.
4. Farmors/Mormors lägenhet har tre rum och kök.
   ✓ 아파트 크기를 표현하는 문장에서 부엌 앞에 부정관사는 사용하지 않는다.
5. Maria har en lampa i sovrummet.
6. Lampan är mycket fin. Priset på lampan var ganska lågt.
   = Lampan är mycket fin. Den var ganska billig.
   = Lampan är mycket fin. Lampan kostade ganska lite.
7. Hannah är högstadieelev. Hennes hobby/fritidsintresse är att spela piano.
   = Hannah är högstadieelev. På fritiden tycker hon om att spela piano.
8. Ellen är katolik och går i katolska kyrkan varje söndag.
   = Ellen är katolik och går i katolska kyrkan på söndagar(na).
9. Min flickvän har köpt en dammsugare, en brödrost och en elvisp på ett varuhus i stan.
10. Danmarks huvudstad heter/är Köpenhamn.
    = Köpenhamn är huvudstad i Danmark.
    = Huvudstaden i Danmark är/heter Köpenhamn.
11. Pappa har en smartklocka. Smartklockan/Den är dyr.
    = Pappa har en smartklocka. Smartklockan/Den kostar mycket.
12. I affären säljer man pennor, suddgummi, anteckningsblock/anteckningsböcker etc (et cetera).
    ✓ 주어가 아닌 문장성분으로 문장이 시작될 경우 동사-주어 순의 도치문이 된다.
    = Det säljs pennor, suddgummi, anteckningsblock/anteckningsböcker etc (et cetera) i affären.
13. Min moster har inga barn.
    = Min moster har inte några barn.
14. Andreas åker tunnelbana till arbetet/jobbet.
15. Restaurangen var modern men smutsig.
16. Hon har en tysk bil.
17. Sven lånade fyra romaner på biblioteket i går.
18. Stolarna till matbordet är obekväma.

19. Han har inget jobb/arbete nu efter examen.
= Han har inte fått jobb/arbete ännu efter examen.

20. David har mataffärer i flera städer i Sverige.

## 2. 형용사 Adjektiv

1. Huset är vitt och gammalt.
2. Maten var ljum men god.
3. Mannen var svensk och såg mycket ung ut.
= Mannen kom från Sverige och såg mycket ung ut.
4. Den blå(a) bussen var full med (av) människor.
= Den blå(a) bussen var fullsatt.
5. Tack för de vackra rosorna!
6. Är det nya varuhuset stort?
7. Den snälla kvinnan arbetar på ett litet kafé i Imundong.
8. Det ligger/finns många intressanta affärer i den lilla byn.
9. Den billiga mikrovågsugnen fungerar bra.
10. Brevet var skrivet på ett rött papper.
11. Många lärare känner sig psykiskt/mentalt trötta under terminen.
12. En medelålders man frågade mig om vägen till stadshuset igår.
= I går frågade en medelålders man mig hur man tar sig/ska ta sig till stadshuset.
✓ 특정 시간에 한정되지 않은 내용을 표현하므로 간접 의문(종속)절의 시제는 현재이다.
13. Vet du var den nya bokaffären ligger/finns?
14. Pappas bil är mindre dyr än mammas (bil).
✓ 반복되는 명사는 생략이 가능하다.
15. Är du intresserad av modern konst/samtidskonst?
16. Att ge är roligare än att få/ta emot.
= Det är roligare att ge än att få/ta emot.
17. Pelle är längst på arbetet/jobbet.
= Pelle är längre än alla andra medarbetare.
18. Om du köper en bredare säng kommer du att sova bättre.
19. Det finns många duktiga/högpresterande studenter/elever i klassen. Den duktigaste studenten/eleven är Erik.
= Det finns många duktiga/högpresterande studenter/elever i klassen, men Erik är duktigast/mest högpresterande.
= Det finns många duktiga/högpresterande studenter/elever i klassen, men Erik är duktigare/mer högpresterande än alla andra (studenter/elever).
20. De små bilarna är redan utsålda. = De små bilarna har redan sålts ut.
✓ bli/vara + 완료분사-수동형
✓ s-수동형

## 3. 대명사 Pronomen

1. Han har talat med oss flera gånger.
2. Jag vill gå på bio med henne under helgen.
3. Berätta/Säg vad de gör nu!
= Tala om för mig vad de håller på med nu!
✓ Kan du berätta vad de håller på med nu? 처럼 정중하게 의문문으로 물어보는 것이 일반적이다.
4. Mina glasögon är borta./Jag ser inte mina glasögon. Var är de?
5. Vart har hennes vänner tagit vägen?
= Vart har hennes vänner gått?
6. Varför ringde du inte mig igår?
7. Hon ska träffa sina söner i stan i morgon.
8. Min halsduk är grå och din (halsduk) är svart.
9. Möblerna är inte deras utan våra.
10. Paret har lånat hans bil.
11. Var är dörren? Jag hittar inte den.
12. Han sade att jag skulle hjälpa honom först.
13. Det här barnet/Detta barn känner det där barnet.
14. Jag är törstig. Finns det något att dricka i kylskåpet?
15. Jag har ingen vän att prata med i skolan.
= Jag har inte någon vän att prata med i skolan.
= Jag har inte någon vän som jag kan prata med i skolan.
= Jag har inte någon vän med vilken jag kan prata i skolan.
16. Han sjöng en sång som jag aldrig (hade) hört tidigare.
17. Datorn som jag köpte för ett år sedan/förra året gick sönder.

18. De har två badrum i lägenheten/i sin lägenhet. Båda (badrummen) är mycket smutsiga.

19. Våra föräldrar vill inte ha någon bil.
✓ 주절에 동사가 두 개 이상일 경우 부정대명사 ingen 대신 분리형 inte ~ någon이 사용된다.

20. Vem är den långe mannen som står där borta?
✓ 남성 단수 명사일 때에는 정형 활용어미 -e가 사용된다.

## 4. 수사 Räkneord

1. Anton som är nollsjua blir femton år gammal i november.
2. Trettiotvå nya studenter läser svenska i år.
= I år läser trettiotvå nyantagna studenter svenska.
3. Ska vi ses framför Cyberhuset klockan/kl. fem över halv två?
4. Tretton plus tjugoåtta är/blir (lika med) fyrtioett.
5. Jag brukar äta frukost kvart i åtta på morgonen.
6. A: Vad är det för datum i morgon?
B: Det är den sjuttonde september.
7. Vårt barnbarn är fött den 18 april 2005.
= Vårt barnbarn föddes den 18 april 2005.
✓ S-수동형 동사의 시제는 과거이다.
8. En av Sveriges mest berömda författare, August Strindberg, var född 1849.
= En av Sveriges mest kända författare, August Strindberg, föddes 1849.
9. Anton har ätit två tredjedelar av tårtan/två tredjedels tårta.
10. Flygbiljetter tur och retur från från Söul till Stockholm kostar cirka 1 000 000 won.

## 5. 동사 Verb

1. Sven går in i badrummet för att raka sig.
2. Ulf steg/gick upp tidigt på morgonen och läste tidningen.
3. Vi flyger till Malmö i morgon.
4. Hon har väntat på sin pojkvän här i tre timmar.
5. Tack för hjälpen/din hjälp i går!
= Jag är tacksam för hjälpen/din hjälp i går.
6. Jag vill träffa min lillasyster i New York nästa år.
7. Min/Vår mattelärare kom till Sverige för sju år sedan.
8. Andreas har varit i Norge flera gånger.
9. Det snöar mycket i Sverige på vintern.
10. Småbarn blir/är/känner sig ofta hungriga.
11. Var har du köpt kaffe?
12. Roger glömmer att stänga av tv:n varje dag.
13. Professor Robert kom inte till mötet i går.
14. Vad gör Kristina nu hemma?
15. Svenska och danska undervisas på universitetet.
= Det ges undervisning i svenska och danska på universitetet.
=Man undervisar i svenska och danska på universitetet.
16. Flera koreanska studenter tas emot som utbytesstudenter varje termin.
= De tar emot flera koreanska studenter som utbytesstudenter varje termin.
17. Tre mail/mejl har skrivits av en klagande medlem.
= Tre mail har blivit skrivna av en klagande medlem.
= Tre klagomail har skrivits/har blivit skrivna av en medlem.
18. Hur många personer är bjudna på middag?
19. Ska vi ses/träffas samma plats, samma tid nästa onsdag?
✓ samma plats, samma tic는 고정표현으로 samma plats 앞에 전치사가 없다.
20. Jag mötte en springande kollega på gatan i morse.

## 6. 부사 Adverb

1. När ska vi äta middag?
2. Varifrån kommer Henrik?
3. Varför tycker du om danska filmer?
4. Har du varit där förr/förut/tidigare?
5. Hans dotter var här nyss.
6. Vår/Min familj reser ofta dit under sommaren/på sommaren/på somrarna.
7. Många (personer/människor) arbetar hemifrån numera.
8. Vänta ett tag till! Tåget kommer strax fram/

ankommer strax.

9. Hur många gånger ska man borsta tänderna om dagen?
   = Hur ofta ska man borsta tänderna om dagen?
   = Hur ofta ska man borsta tänderna per dag?

10. Min man är inte hemma. Han är ute och springer/joggar.
   = Min man är inte hemma. Han springer/joggar ute.
   ✓ 달리기는 일반적으로 실외에서 하기 때문에 Han springer/joggar ute는 자연스러운 표현이 아니다.

## 7. 전치사 Prepositioner

1. Ellen och hennes man har varit gifta i/under 20 år.
2. Vad ska du göra i sommar/den här sommaren?
3. Han åkte skidor med sina vänner i julas.
4. Jag kan inte göra läxor(na) på/inom 30 minuter.
5. Vi ska åka till Lund i Sverige om fyra månader.
6. Min pappa dricker tre koppar kaffe om dagen.
7. Under helgen stannade jag hos mina föräldrar som bor på landet.
   ✓ Jag stannade hos mina föräldrar som bor på landet under helgen. 나는 주말에 지방에 거주하는/사는 부모님 댁에서 지냈다
8. John som kommer från England studerar statsvetenskap vid/på Uppsala universitet.
9. Hon vill gifta sig med sin fästman före påsk.
   ✓ 시간종속접속사인 innan이 시간전치사로 사용되기도 한다.
10. Det står en man utanför dörren.

## 8. 접속사 Konjunktioner

1. Jag sminkar mig först och sedan klär jag på mig.
2. Mannen är gammal men han tycker fortfarande om att fiska.
3. Min dotter är inte född i Korea utan i Sverige.
4. Jag drack mycket kaffe, så jag kunde inte sova i natt.
   = Eftersom jag drack mycket kaffe, kunde jag inte sova i natt.
   ✓ 종속절로 문장이 시작될 경우 도치문이 된다.
   = Jag kunde inte sova i natt, eftersom/därför att jag drack mycket kaffe.
   = Jag drack så mycket kaffe att jag inte kunde sova i natt.
5. Kan du inte göra det eller vill du inte (göra det)?
   ✓ 반복되는 어구는 생략이 가능하다.
6. Hon mår inte bra, så hon har bestämt sig för att stanna hemma.
   = Eftersom hon inte mår bra, har hon bestämt sig för att stanna hemma.
   = Hon har bestämt sig för att stanna hemma, eftersom/därför att hon inte mår bra.
   = Hon mår så dåligt att hon har bestämt sig för att stanna hemma
7. Innan jag åt middag städade jag.
   = Jag städade först och sedan åt jag middag.
8. Jag vill (passa på att) lära mig koreanska medan jag är/bor i Korea.
   = Medan jag är/bor i Korea, vill jag (passa på att) lära mig koreanska.
9. Efter (det) att jag har tvättat ska jag handla i mataffären.
   = När jag har tvättat ska jag handla i mataffären.
   ✓ 미래에 여러 행위가 일어날 경우 먼저 일어나는 행위는 현재완료를 사용하고 나중에 일어나는 일은 현재나 미래표현을 사용한다.
   = Jag ska först tvätta och sedan ska jag handla i mataffären.
10. Tills han tog studenten bodde Ludvig hos föräldrarna.
   = Ludvig bodde hos föräldrarna tills han tog studenten.
11. Jag kan inte spela dataspel förrän jag har gjort läxorna.
   = Jag måste bli/vara klar med läxorna innan jag kan spela dataspel.
12. Min pappa varken röker eller dricker.
13. När vintern kommer kan man åka skidor.
14. När min man har tid hjälper han mig.
   = Om min man har tid hjälper han mig.
   ✓ När min man har tid hjälper han mig가 자연스러운 문장이다.
15. Efter (det) att/Sedan gästerna (hade) gått promenerade vi.
   ✓ 종속절의 시제가 현재완료/과거완료인 경우 har/

hade는 생략이 가능하다.

16. Trots att Axel har prov i engelska i morgon studerar han inte.
    = Axel studerar inte, trots att han har engelskprov/engelskaprov i morgon.
    = Axel har engelskprov/engelskaprov i morgon, men trots det studerar han inte.
17. Även om jag inte kan träffa/se dig igen ska jag aldrig glömma dig.
    = Jag ska aldrig glömma dig även om jag inte kan träffa/se dig igen.
18. Läraren har repeterat det så att studenterna kan förstå det bättre.
    = Läraren har repeterat det för att hjälpa studenterna (att) förstå det bättre.
19. Om det behövs, hör av dig igen!
    = Hör av dig igen om det behövs!
20. Han sade att han var trött.

11. Snöar det ofta i Norge på vintern?
12. Varje morgon dricker jag och min man kaffe på balkongen.
13. Hur många studenter kan inte tala svenska här?
14. Varför är du inte nöjd med valresultatet?
15. Var snäll och väck inte mig i morgon bitti!
16. Innan Johan kom till Korea visste han inte någonting om Korea.
    = Johan visste ingenting alls om Korea förrän han kom dit.
17. Det är mycket billigare att handla på nätet än (att handla) i varuhuset.
18. Erik arbetade hårt för att kunna komma hem så tidigt som möjligt.
19. Ju mer du tränar, desto bättre kan du simma.
20. Tycker du verkligen att dina klasskamrater är snälla mot dig?

## 9. 문장 순서 Ordföljd

1. Den nya historieläraren undervisar från och med i morgon.
2. Var du sjuk i går?
3. Vad heter den här filmen?
4. Stanna hemma om du har feber!
5. Varför kan vi inte vänta tills alla studenter kommer tillbaka?
6. Vi tänker åka till Busan om det inte regnar i morgon.
    = Om det inte regnar i morgon tänker vi åka till Busan.
    ✓ 주어가 아닌 종속절로 문장이 시작하면 주어진 (평서문) 문장은 도치문이 된다. 부사어의 역할을 하는 종속절은 하나의 문장성분으로 간주되므로 평서문의 동사는 항상 2번째에 위치한다는 법칙에 부합한다.
7. Bilen gick sönder, så vi kunde inte besöka föräldrarna i går.
8. Om du ber Alice kommer hon nog på ditt födelsedagskalas i morgon.
9. Vet du om Mikael fortfarande arbetar på samma företag?
10. Sven sade att Anna kanske skulle komma hem före lunch.

## 10. 추가 문장 쓰기 Extra övningar

1. Henrik stiger vanligtvis/ofta upp halv sju på morgonen.
    = Henrik brukar stiga upp halv sju på morgonen.
2. Fredrik har lektion/lektioner eller studerar på biblioteket varje måndag.
    = Fredrik går på föreläsningar eller studerar på biblioteket på måndagar.
3. Mina barn går ut tidigt på morgonen och är ute hela dagen.
4. Den svenske mannen/Svensken planerar inte att studera/läsa japanska utan koreanska i två år.
5. Alice älskar inte sin man alls.
6. Jag ska köpa fyra böcker och flera pennor i morgon.
7. I jul/Till jul vill jag träffa/se min pappa som arbetar i Norge.
8. Min dotter som går i årskurs 3/3:an (i grundskolan) är duktig på engelska.
9. Kan du låna ut 50 000 won till mig i dag?
    = Kan du låna mig 50 000 won i dag?
10. I går gav vår granne oss ett vitt bord och fyra svarta stolar.
    = I går gav vår granne ett vitt bord och fyra svarta stolar till oss.

11. Var kan jag köpa blå/blåa rosor?

12. Jonas fru/hustru åkte till Köpenhamn för tre dagar sedan för att träffa sina koreanska vänner.

13. Min mamma ringer (till) mig varje lördag/på lördagar/på lördagarna.
✓ ringa upp (나중에) 전화하다

14. Den trötta studenten svarade inte på lärarens fråga.

15. Vet du var studentmatsalen ligger/finns?

16. Klockan ringer kvart över sex på morgonen men jag ligger kvar tills mamma väcker mig klockan sju.

17. Filip tycker inte om/ogillar sin skola eftersom (både) hans lärare och klasskamrater är otrevliga.
= Filip tycker illa om sin skola eftersom varken hans lärare eller klasskamrater är trevliga.

18. Ju mer jag studerar/läser danska, desto roligare blir det. Jag vill fortsätta att studera/läsa det.

19. Norge är mindre än Sverige men (det) är större än Danmark.
✓ 지명은 인칭대명사 det로 받는다.

20. Många svenska barnböcker har redan översatts på koreanska.

21. Jag tycker att min flickväns nya arbete/jobb är mycket intressant.

22. Det finns olika typer av soffor i affären men varför har du valt den här obekväma soffan?
= Det finns olika sorters soffor i affären men varför har du valt denna obekväma soffa?
= I affären finns (det) olika sorters soffor men varför har du valt denna obekväma soffa?
✓ 주어가 아닌 문장성분으로 시작될 경우 가주어 det는 생략이 가능하다.

23. Är engelsk grammatik mindre svår än svensk grammatik?
= Är den engelska grammatiken mindre svår än den svenska grammatiken?
= Är engelsk grammatik enklare än svensk grammatik?

24. Vi har sett många fulla/berusade människor på gatan.

25. I år studerar/läser 40 studenter (kursen) Svenska för nybörjare. Två av dem är utländska studenter.

26. Anna och hennes döttrar tänker plocka blåbär i skogen i morgon.

27. A: Vilken tid/Hur dags/När äter du middag?
B: Jag äter (middag) vid sjutiden. Du då?

28. Svensklektionen/Lektionen i svenska börjar tidigare än vanligt i dag.

29. Kungen av Sverige/Sveriges kung/Den svenske kungen fyllde 60 år lördagen den trettionde april förra året/i fjol.

30. Är det tryggt att åka taxi/ta taxin ensam på natten?

31. Det söta barnet har ätit ett halvt äpple och en tredjedel av en banan.
= Det söta barnet åt hälften av ett äpple och en tredjedels banan.

32. Ett år har tolv månader och (det har) 52 veckor.
= Ett år består av tolv månader eller femtiotvå veckor.

33. Det finns ett vardagsrum i lägenheten. I vardagsrummet finns (det) en soffa och ett bord. I soffan ligger en katt och sover.

34. Hon berättade för mig hur hon och hennes man träffades.
= Hon sade till mig hur hon och hennes man träffades.
= Hon talade om för mig hur hon och hennes man träffades.

35. Mina föräldrar hoppas att de kan bo på landet om några år.
= Mina föräldrar hoppas att kunna bo på landet om några år.

36. Efter att de (hade) ätit en god/delikat lunch promenerade de längs Hanfloden.
= Efter att de ätit en god/delikat lunch tog de en promenad längs Hanfloden.
= Sedan de ätit en god/delikat lunch promenerade de längs Hanfloden.

37. Det kändes som om/att vinterlovet var mycket kort därför att jag hade mycket att göra.
= Det kändes som om/att vinterlovet var mycket kort eftersom jag hade fullt upp.

38. A: Kan du (tala/prata) svenska?
B: Ja, det kan jag.

39. Greta frågade sin mamma om jordgubbarna fanns kvar i kylen.
= Greta frågade sin mamma om de hade jordgubbarna kvar i kylen.

40. Alla skjortorna var/blev tvättade.
= Alla skjortorna tvättades.

41. Sverige är ett av de största länderna i Europa. De länder som är större än Sverige är Ryssland, Ukraina, Frankrike och Spanien.
= Sverige är ett av Europas största länder. De europeiska länder som är större än Sverige är

Ryssland, Ukraina, Frankrike och Spanien.

42. Henrik är yngre än Hampus. Jag trodde att Henrik var mycket äldre än Hampus.

43. Medan augusti är den varmaste månaden är januari den kallaste (månaden) om året.

44. Kan du visa mig (den) närmaste/kortaste/snabbaste vägen till Centralstationen?

45. Jag har en laptop/en bärbar dator. Jag köpte den förra veckan. Den/Laptopen är mycket tunn och lätt.

46. A: Vem är den långe mannen som står där borta?
B: Det är min lillebror.

47. Jag kan se hennes hus från fönstret i vårt hus.
= Jag kan se hennes hus från vårt husfönster.

48. Många (människor) är intresserade av Kina nu, så kinesiska är mycket populärt bland studenterna på universitetet.
✓ 언어는 ett 명사이다.
= Eftersom många (människor) är intresserade av Kina nu, är kinesiska mycket populärt bland studenterna på universitetet.

49. Tack för boken! Den/Boken var mycket intressant./ Det var en mycket intressant bok.

50. Här är en bild. Det är en bild på min dotter. Den är lite gammal eller hur?

51. Jag blev bestulen på min mobiltelefon på tunnelbanan på vägen hem i går.

52. London har varit Englands huvudstad i flera hundra år/i hundratals år.
= London är huvudstaden i England sedan flera hundra år tillbaka.

53. Mina föräldrar vill att min storebror blir advokat men jag tror att han vill bli konstnär.

54. Efter att han och hans fru (har) gått i pension skulle de vilja bo i ett land där det är varmt året runt.

55. Nu för tiden/Nu respekterar den yngre generationen inte den äldre generationen. Vad tycker du om det?
✓ nuförtiden으로 붙여 쓰기도 한다.

57. Anna undrade varför Filip inte (hade) haft någon flickvän på länge.

58. Mamman frågade sonen om han städade rummet. Sonen svarade att han låg i sängen och läste en bok.

59. Luften i Busan är värre än luften i Seoul.
= Busans luft är värre än Seouls.

60. Trots att hon inte är kär/förälskad i honom dejtar hon honom två gånger i veckan.

61. När jag har blivit 40 år gammal planerar jag att driva/starta/öppna en restaurang i en förort till Seoul.

62. Försök inte (att) ljuga! Även om du försöker att dölja sanningen kommer den fram ändå.
✓ att는 생략 가능하다.

63. Oroar du dig för att du inte har några mål eller drömmar i livet?

64. Jag vet inte säkert vad jag ska ha för yrke om 10 år.

65. Mikael som nu gör lumpen/värnplikt/militärtjänst har bestämt sig för att göra slut med sin flickvän.

66. Stefan har blå(a) ögon och (han) är kort.
= Stefan har blå ögon och (han) är kort/liten till växten.

67. A: Vet du var mina glasögon är? Jag ser inte dem.
B: Där är de./Där finns de.
✓ Där är de이 더 자연스러운 표현이다.

68. Vi åt middag på en mycket fin restaurang igår. Middagen var god men mycket dyr.

69. Den gamla kvinnan känner inte den här mannen men hon känner den där kvinnan.
✓ den här mannen 대신 denne man도 가능하다.
= Den gamla kvinnan känner inte den här mannen utan bara den där kvinnan.

70. A: Hur många stolar har du i köket?/Hur många stolar finns det i köket?
B: Jag har sex stolar och alla (stolarna) är vita./ Det finns sex stolar och alla (stolarna) är vita.

71. Brad tycker att han är en bra lärare i engelska/ engelsklärare.
= Brad betraktar sig själv som en bra lärare i engelska.
✓ ~를 ~로 간주하다 betrakta ~ som ~
= Brad anser sig själv (vara) en bra lärare i engelska.

72. När Erik rakade sig i morse skar han sig.
= När Erik rakade sig i morse fick han (ett) skärsår.

73. (Vad) otroligt (att) du (har) översatt de här svenska meningarna till danska själv/på egen hand!
= (Vad) otroligt (att) du översatte de här svenska meningarna till danska själv/på egen hand!
= Jag har svårt att tro på att du har översatt de här svenska meningarna till danska alldeles själv!

74. Det är en resväska som jag har lånat av/från en

vän/min vän.

75. Jag tycker att det är svårt att studera danska men ganska roligt.
   = Jag tycker att det är svårt men ganska roligt att studera danska.

76. Vem var det som skjutsade/körde oss till tågstationen?
   = Vem var det som gav oss skjuts till tågstationen?

77. Jag vet inte (precis) vilket yrke/vad för yrke jag vill ha efter examen men jag tror att jag kommer att bli affärsman.
   = Jag vet inte (precis) vad jag vill ha för yrke efter examen men jag tror att jag kommer att bli affärsman.
   = Jag vet inte (precis) vad jag vill syssla med efter examen men jag tror att jag kommer att bli affärsman.

78. Hannah visste inte alls vem av oss som skickade rosor till henne på alla hjärtans dag.
   = Hannah hade ingen aning om vem av oss som skickade rosor till henne på alla hjärtans dag.

79. Jag måste laga middag och diska eftersom mina föräldrar kommer hem sent på kvällen/kvällarna.

80. Mina lektioner börjar alltid kl. 11 på morgonen förutom på fredagar.

81. Det var en gång en kung som hade en vacker prinsessa.

82. När min fru kommer hem har jag städat klart.

83. Om du har en karta över Seoul kan du se var Hanfloden finns/flyter fram.

84. Den här staden är inte lika stor som den (staden) som du pratar om men (den är) mycket äldre.

85. I morgon åker jag tåg till Daejon där en kollega bor.
   = I morgon reser jag med tåg till Daejon där en kollega bor.
   ✓ åka tåg = resa med tåg

86. Tåget (som går) till Busan är alltid (propp)fullt.

87. Jag åt grillad kyckling till huvudrätt. Den var god. /Det var gott.
   ✓ 닭고기/정식을 지칭하기 때문에 인칭대명사 den이 사용된다.
   ✓ Det var gott: 식사 후 맛있었다고 표현할 때 많이 사용되는 일종의 고정표현이다.

88. Min familj består av fem personer; farfar/morfar, pappa, mamma, (min) lillebror och mig/jag.
   = Det är fem personer i min familj, farfar/morfar, pappa, mamma, (min) lillebror och mig.
   = Vi är fem i familjen: farfar/morfar, pappa, mamma, lillebror och mig.

   Mina hobbyer/fritidsintressen/fritidssysselsättningar är att spela dataspel, fotboll och biljard med vänner/kompisar.

89. Det mest minnesvärda under/på resan var när jag besökte/hälsade på en vän som bor i Istanbul.

90. Jag tycker om att förbereda mig inför prov på ett kafé som har (en) vacker utsikt.
   = Jag tycker om att plugga till prov på ett kafé som har (en) vacker utsikt.

91. Medan Sven äter frukost i köket läser han tidningen.

92. Min mormor brukade titta ut på gatan för att se vem/vilka som gick förbi och vad som hände.

93. Lotta umgås mest med sin granne Maria som inte har några barn.

94. Om min dotter hade kommit in på Law School vid/på Harvard universitet hade jag gråtit av glädje.
   = Om min dotter hade kommit in på Law School vid/på Harvard universitet skulle jag ha gråtit av glädje.

95. Ska vi sänka/dämpa musiken för att vi inte ska störa grannen/grannarna?
   = Ska vi sänka/dämpa musiken för att inte störa grannen/grannarna?

96. "Var har ni/du plockat svamp", frågade hon.

97. Björn sade att han aldrig skulle återvända till Portugal.

98. Du måste/får äta upp din mat antingen du vill eller inte.

99. Han och hans vänner drack så mycket i går så att de blev dåliga.
   = Han och hans vänner drack så mycket i går att de mådde illa/dåligt.

100. Greta fick sparken efter att ha städat i över 40 år. Nu är hennes kollegor rädda för att få sparken från jobbet./Nu känner hennes kollegor rädsla för att förlora jobbet.
   = Greta blev sparkad efter över 40 års städjobb. Nu känner sig hennes kollegor rädda för att bli avskedade/uppsagda från jobbet.

## 11. 고쳐쓰기 | Rättningsövningar

1. Peter är sjutton år (gammal) och (han) kommer från Sverige/är svensk.
2. Min pojkvän studerar/läser företagsekonomi på/vid Stockholms universitet i Sverige.
3. A: Nu är min pappa i Tyskland.
   B: Vad gör han där?
4. Hon brukar städa halv sju på morgonen.
5. Professor Park åker tunnelbana till universitetet varje morgon.
6. Min mamma köpte en handväska och ett halsband på ett varuhus. Handväskan är röd och halsbandet är vitt.
7. Varför ringde du inte för två timmar sedan?
8. Stäng dörren! Det är kallt i rummet.
9. Hennes pojkvän har inte (något) husdjur nu men han vill ha ett (husdjur) någon gång.
   = Hennes pojkvän har inget husdjur nu men han vill ha det (i framtiden).
10. När jag var liten ville jag bli läkare men nu vill jag bli pianolärare.
    = När jag var yngre var min dröm att bli läkare men nu är min dröm att bli pianolärare.
11. Eftersom min vän ofta frågar mig vart han ska gå ut med sin flickvän blir jag ibland arg på honom.
12. Anna studerar tyska på/vid universitetet. Hon hoppas att hon snart kan tala tyska flytande./Hon önskar att hon snart kunde prata tyska flytande.
13. Under sommarlovet brukade jag träffa mina vänner och äta god mat.
    = Under sommarlovet träffade jag ofta mina vänner och åt god mat.

    Jag tycker att det var ett perfekt sommarlov.
14. Peter är längre än sin storebror men hans lillebror är längst i familjen.
15. Eftersom jag tycker mycket om ägg finns det alltid ägg i kylskåpet.
    = Eftersom jag älskar ägg har jag alltid ägg i kylen.
16. A: Har du varit i Sverige (någon gång)?
    B: Ja. 2018 studerade jag skandinaviska på Uppsala universitet.
17. Han har en tjejkompis som han aldrig blivit/varit kär i/som han inte är kär i. De gör många saker tillsammans.
18. En av mina vänner blev vän med en tjej. Varje dag umgicks han med henne och de blev ett par till slut.
    = En av mina vänner blev vän med en tjej. De har umgåtts varje dag och har till slut blivit ett par.
19. Det blåste mycket och snöade i Söul förra torsdagen/i torsdags.
20. "Innan du går till tandläkaren måste du borsta tänderna ordentligt" sade barnets mamma.
21. Han jobbar bara fyra dagar i veckan och tjänar 12 000 kronor i månaden.
22. I Sverige måste barn gå i skolan i 9 år.
    = Sverige har en nioårig obligatorisk grundskoleutbildning för barn.
23. Vad tråkigt att du inte kan komma på festen på lördag!
24. A: Skynda dig så att du inte kommer sent till skolan!
    B: Mamma, sluta tjata!
25. Ju äldre Erika blir, desto vackrare blir hon.
26. A: Vad ska/vill du klä/ha på dig i kväll?
    B: Jag ska klä/ha på mig samma grå klänning som jag hade på Johans bröllop.
27. Kalle ser trevlig ut och är alltid snäll mot alla (personer).
28. Kommer du hem till mig eller ska jag gå hem till dig?
29. Efter att jag (har) ätit frukost går jag till ett kafé för att träffa vänner.
    = Efter frukosten går jag till ett kafé för att träffa vänner.
30. Jag ville åka till Sverige i somras men jag kunde inte det på grund av covid-19.

# II 글쓰기



## 1. 짧은 글쓰기 Korta texter

### Om mig själv

1.

Jag heter Hannah Park och fyller 20 år i år. Jag kommer från Busan. Jag bodde där i 20 år innan jag kom till Seoul. Mitt huvudämne på universitetet är skandinaviska. Ända sedan jag var liten tyckte jag om att läsa främmande språk. På fritiden simmar jag eller läser böcker. Jag har ännu inte varit i Sverige men jag hoppas att jag kan åka dit någon gång.

2.

Jag heter Young-Soo Kim och bor i Anyang. Jag studerade svenska i två år innan jag gjorde militärtjänst. Därför talar jag inte så bra svenska nu.* Jag vill förbättra min svenskfärdighet/min färdighet i svenska den här terminen. Jag var orolig att jag inte skulle kunna följa den här uppsatskursen. Nuförtiden är jag mycket intresserad av min hälsa/hälsan eftersom hälsan är viktigast/det viktigaste i livet. Jag gillar att resa, så jag tänker resa till Tyskland nästa sommar.

* 두개의 주절을 등위접속사 så로 연결할 수 있다.
Jag studerade svenska i två år innan jag gjorde militärtjänst, så jag talar inte så bra svenska nu.

## Bostad

1.

Min farmors hus är gammalt. Det är ett koreanskt traditionellt hus. Huset byggdes/är byggt av farfars far för (ett) hundra år sedan. Det har ett tegeltak som heter kiwa.* Huset har fem rum och ett av dem används som både vardagsrum och sovrum. Bakom huset står persimonträd som bär persimoner varje höst.

* 벽돌지붕 (ett) tegeltak

2.

Min mormor bor i en gammal villa i Sokcho. Villan är liten men mycket mysig. Hon har bott där i 15 år. I villan finns det många möbler som hennes barn har köpt. Hon har en stor trädgård. Där har hon många blommor och träd som hon odlar. Det finns en liten hundkoja i villan men hon har ingen hund som bor där. Hon mår alltid bra och tycker att hon är lycklig.

## Husdjur

1.

Min katt heter Carol. Jag namngav henne efter en film som heter Carol men alla andra i min familj kallar henne (för) Kicki. Hon/Den är sju månader gammal. Hon älskar att leka med sina leksaker. Hon är bortskämd eftersom min mamma behandlar henne som en bebis/bäbis. Jag är lite ledsen för att hon föredrar min mamma framför mig men jag älskar henne mycket. Vår familj tycker att Carol är en del av vår familj/att Carol tillhör familjen.

2.

Jag har inte något/inget husdjur nu men jag skulle vilja ha/skaffa ett (husdjur) någon gång. Jag tycker om katter eftersom de går långsamt och (de) har vackra ögon. Min flickvän har en liten igelkott. Det sägs att Igelkotten behöver mycket tid och uppmärksamhet. Enligt min flickvän gillar igelkotten att sitta stilla i sin bur. Hon vill att igelkotten ska vara frisk och leva länge.

## Matlagning

1.

Jag har ägg, vitlök, bacon och kimchi i kylskåpet och lite ris i riskokaren. Jag tänker laga en maträtt som heter/kallas stekt ris med dessa ingredienser/detta.* Först hackar jag vitlök, bacon och kimchi. Sedan steker jag allt tillsammans i olja och lägger till (kokt) ris efter en stund. Slutligen/Avslutningsvis steker jag ett ägg och lägger det på det stekta riset.

* 모든 재료를 한꺼번에 지칭할 때 detta를 사용한다.

2.

Jag har ägg, potatis, majonnäs, färsk frukt och yogurt i kylskåpet. Eftersom jag tycker om potatis har jag mycket potatis hemma. Jag kan göra potatissallad till mellanmål. Först kokar jag ett ägg och två potatisar. Sedan mosar jag allt och blandar det med majonnäs. Om jag mixar frukt med yoghurt blir det en god juice.

### 3.

Jag bestämde mig för att göra/laga potatismos som är en typisk svensk maträtt. Först skalade jag tre potatisar och skar dem i bitar. Sedan kokade jag potatisen i saltat vatten i ca 15 minuter tills den blev mjuk. Efter att jag mosat den varma potatisen med gaffel blandade jag ner salt, peppar och socker i moset. Jag åt potatismos med köttbullar och det var jättegott.

## En 50 000 wonssedel

### 1.

På gatan ligger det en 50 000 wonssedel./På gatan ser jag en 50 000 wonssedel. När jag har sett mig omkring tar jag den och låtsas som om jag inte har gjort det. Sedan går jag till ett bageri och köper en chokladtårta som jag länge har velat äta. På kvällen träffar jag min flickvän och säger att jag bjuder på middag.

### 2.

Om jag hittar en 50 000 wonssedel ska jag inte säga till någon. Först ska jag gå på restaurang. Där ska jag äta den dyraste och godaste maträtten. Jag ska gå till en kiosk och köpa en lott med växelpengarna. Jag drömmer om att jag ska vinna på ett lotteri.

## När jag inte kan sova/somna

### 1.

När jag inte kan sova lyssnar jag på klassisk musik för att få lugn och ro. Det är det bästa sättet att somna. Om jag ändå inte kan sova brukar jag läsa en bok. Jag dricker också varm mjölk. Då somnar jag.

### 2.

Jag försöker använda all min energi innan jag lägger mig. Om jag inte kan somna strax efter att jag har lagt mig brukar jag surfa på nätet. Jag tar också en varm dusch. Efter duschen känner jag mig avslappnad och kan sova väl.

## Favoritprogram

### 1.

Jag brukar titta på matprogram. Jag tycker speciellt mycket om ett matprogram som handlar om bakning. Varje gång jag tittar på programmet blir/är jag glad. Efter det att jag hade tittat på det försökte jag att baka en egg tart. Jag tycker att bakning är så roligt men (att det är) lite svårt.* Jag vill baka min egen födelsedagstårta.

* 형용사 활용: Bakning är rolig-t.

### 2.

Mitt favoritprogram heter Muhandojeon. Det är ett av de mest berömda tv-programmen i Korea. Det är också populärt i andra länder. Jag har inte kunnat se det (på) den senaste tiden därför att jag har haft många tentor. Jag ska titta på det på nätet när jag har mer tid.

3.

Jag brukar titta på ett matlagningsprogram. Det gör jag eftersom jag gillar att laga och äta mat. Programmet sänds varje torsdag och de lagar många olika delikata/goda maträtter i programmet. När jag tittar på det blir jag hungrig. Tyvärr kan jag inte se det så ofta eftersom jag vill hålla vikten.

## I somras/vintras

1.

I somras arbetade jag på ett kafé som ligger i Chuncheon. Det var en bra erfarenhet för mig att arbeta på kaféet. Där bryggde jag kaffe, bakade bröd och städade kaféet. Arbetet var roligt fast det var svårt./tröttsamt. Jag tjänade mycket pengar och träffade också många trevliga personer.

2.

Jag undervisade barn i engelska på ett privatinstitut under sommarlovet för att tjäna fickpengar. Trots att arbetet var stressigt/stressade mig är jag säker på att det var värt det. Eftersom jag brukar spendera mycket pengar utan någon som helst plan var det mitt mål under lovet att sluta med/bli av med mina dåliga köpvanor. Efter att ha läst en bok om hur man sparar pengar planerade jag budgeten och försökte leva/agera efter den.

## På helgerna

1.

Jag och min rumskamrat städar badrummet varje lördag. Vi båda duschar två gånger om dagen och har långt hår, så vi måste städa badrummet minst en gång i veckan. Efter städningen går vi på bio eller tar en promenad. Eftersom rumskamraten lagar mat på vardagarna lagar jag mat på lördagarna. Jag frågar henne vad hon vill äta till middag och jag försöker (göra) mitt bästa för att laga en fantastisk middag.

2.

Jag stiger upp sent på lördagarna om jag inte har några planer för förmiddagen/förmiddagarna. När jag stannar hemma hela dagen på helgerna tittar jag på baseboll eller fotboll på tv ensam. Men jag föredrar att träffa mina vänner framför att stanna hemma. Nästan varje lördag spelar jag biljard och dataspel med vännerna. Jag måste också göra mina läxor på helgerna eftersom jag inte har tillräckligt med tid på vardagarna.

## Min dag

### 1.

I dag är det den 21 (tjugoförsta) oktober. Det är min bästa/närmaste vän Yemis födelsedag./Min bästa/närmaste vän Yemi fyller år. Jag gick till ett bageri för att köpa chokladtårta men den var utsåld. Jag blev tvungen att köpa jordgubbstårta i stället. När jag träffade henne ville hon gå på en italiensk restaurang. Restaurangen var så känd att vi blev tvungna att stå i en lång kö. Efter en stund gick vi in på restaurangen och beställde spaghetti och pizza. Det smakade bra.* Vi blev därför gladare. Sedan drack vi kaffe och pratade länge. Det var ledsamt att skiljas åt sedan. Det var en jätterolig dag.

* 주문한 음식이 spaghetti와 pizza로 복수이지만 맛있었다고 표현할 때에는 단수형인 det를 사용한다. 복수로 표현하고 싶을 때에는 Båda rätterna smakade bra 라고 한다.

### 2.

I dag var det mycket kallt. Därför behövde jag klä mig varmt. Jag klädde på mig en tjock tröja och en jacka. Sedan gick jag till universitetet för att jag hade lektion. Jag var varm i de kläderna. Jag var riktigt glad för att jag inte frös. Eftersom jag länge hade planerat att göra armband åkte jag till Dongdaemun Market för att köpa materialet som jag behövde när jag skulle göra armband. Jag åkte hiss för att åka upp fem våningar/till 5:e (femte) våningen. Där fanns många affärer som säljer olika material. När jag köpt allt jag behövde åkte jag hem och började göra armband. Jag tänkte att jag skulle göra ett armband till mig och ett till min pojkvän.

### 3.

Det är måndag i dag. Jag steg upp kl. 9 på morgonen. Jag brukar inte äta frukost men i dag åt jag ett äpple/äpplet som jag köpte i går till frukost. Eftersom jag hade lektion i svenska kl. 11 åkte jag buss till universitetet kvart över tio. Det är roligt att studera/läsa svenska. Efter lektionen åt jag lunch och promenerade inom campuset. Sedan/När jag (hade) lånat en bok på biblioteket drack jag öl med mina vänner/vännerna. Vid niotiden kom pappa och min storasyster hem och då åt vi hela familjen middag. Efter middagen diskade jag och sedan spelade jag dataspel i mitt rum ett tag. Min dag var till ända.

### 4.

Det var en utställning av Edward Munchs målningar på Deoksugung förra veckan. Munch var en välkänd konstnär från Norge. Hela klassen besökte utställningen under lektionstiden tillsammans med professorn i norska. Det tog en halvtimme/halv timme/30 minuter med tunnelbana från universitetet. Inträdesavgiften var 8 000 won. När Munch var barn dog hans föräldrar. Hans målningar handlar därför om döden. Jag blev melankolisk när jag såg hans målningar. Det var faktiskt en sorglig dag.

### 5.

Det var så tråkigt under vinterlovet eftersom en stor sjukdom som kallas Corona bröt ut. Sjukdomen har ändrat världen och min vardag. Jag stiger upp ganska tidigt på morgonen för att jag har lektioner kl. 9. Många koreaner är smittade av coronaviruset, så jag har lektioner på distans för att förhindra spridning av viruset. På grund av corona har jag mycket tid över. På eftermiddagen latar jag mig genom att ta en tupplur eller hålla på med min surfplatta. På kvällen tar jag en promenad till parken för att få frisk luft. När jag går ut bär jag alltid mask. Eftersom man bara kan köpa två masker i veckan köper jag masker på apoteket varje torsdag. Jag har inte varit i Seoul på två månader. Jag saknar mina vänner. Jag hoppas att coronapandemin tar slut så snart som möjligt.

## Min favoritfilm (1)

I måndags gick jag och min flickvän på bio. Många (människor) går på bio under helgen men det var ganska mycket folk i måndags.

Filmen heter Hearty Paws och den handlar om en pojke och hans lillasyster som bor tillsammans med en vit hund. När pojken inte var hemma drunknade lillasystern i sjön. Pojken blev arg, så han åkte tåg till Busan ensam (utan hunden/sin hund). Hunden sprang till Pusan för att leta efter honom. I Pusan mötte pojken gangsters. Då hjälpte hunden pojken som flydde/var på flykt från gangstrarna. Pojken försonades med hunden och åkte tillbaka hem tillsammans med hunden. Sorgligt nog dog hunden i sjukdom.

När filmen var slut grät de flesta (människorna) på bion.

## Min favoritfilm (2)

Jag såg en film som heter Prinsessan Deokhye tillsammans med en vän. Filmen handlar om den japanska kolonialtiden. Den baseras på en bok som handlar om prinsessan Deokhye. Hon var den sista prinsessan i det koreanska Imperiet. Hennes pappa, Kejsare Kojong, blev förgiftad när prinsessan var liten. Hon sändes till Japan av tvång när hon var 13 år gammal. Hon längtade mycket efter sitt hemland och försökte att åka tillbaka till Korea. Men hon fick inte komma tillbaka därför att den koreanska regeringen var rädd för att det skulle medföra ett återupprättande av den kejserliga dynastin. Därför fick hon komma tillbaka till Korea först 1962.

Hon gifte sig med en japan men de skilde sig efter ett tag. Hon sändes senare till/hamnade senare på ett mentalsjukhus. Hon hade en dotter som tog sitt liv. Det fanns en man, Kim Jang-Han, som var hennes gamle vän och som hennes far ville gifta bort henne med.* Han försökte att skydda henne och föra tillbaka henne till Korea.

* 형용사 활용: gamle (남성 정형 단수)

Jag läste boken innan filmen spelades in/gjordes. Det är en av mina favoritböcker. Jag väntade länge på filmen. Jag gillar alla skådespelare i filmen. Jag var ledsen att hon inte fick träffa sin mor efter det att hon lämnat Korea. Därför kände jag mig ledsen/sorgsen och arg. Jag tycker att det är en bra film och jag hoppas att ingen ska glömma henne.

## Min favoritfilm (3)

Den bästa filmen som jag har sett (på/under) den senaste tiden är Resan till Fjäderkungens rike. Det är den första svensk-danska animerade långfilmen i 3D. Filmen handlar om döden.

Filmens huvudperson är en liten söt kaninpojke som heter Johan. Hans mamma gick bort när han var liten. I Johans värld måste man flytta till Fjäderkungens rike och bo där efter döden. Den som är levande får inte komma in i det magiska riket. Johan saknade sin mamma mycket. Han skrev därför (ett) brev varje dag, lade det i en flaska och kastade flaskan i havet. Han önskade att hans mamma kunde få de breven.

En dag åkte Johan händelsevis till Fjäderkungens rike och mötte sin mamma. Både mamman och han var mycket glada och grät. Sedan kom Johans pappa också dit. Under dagarna som de var ihop roade de sig så mycket som möjligt. De anordnade/ställde till med en fest tillsammans med rikets folk.

Men olyckan kom snart. Fjäderkungens magi som kunde värna riket togs bort av Moli, rikets gud, eftersom det fanns levande personer där. Om Johan inte lämnade riket, skulle byggnaderna som folket bodde i kollapsa. Slutligen kom Johan och hans pappa tillbaka till sin egna värld. Därefter lade Johan en morot i flaskan förutom brevet när han skickade brev till sin mamma.

Filmen gjorde mig ledsen. Genom filmen kände jag att allt har sina regler. Man kan exempelvis inte vägra döden. Ibland måste vi välja även om vi inte vill göra det.

Filmen var rörande/gripande, så jag vill rekommendera filmen starkt.

## En resa (1)

Förra helgen åkte min familj till Busan. Där åt vi middag och sedan åkte vi vidare till Hadong. Min pappa bokade ett pensionat i Jirisan för två veckor sedan. Det var svårt att boka pensionat där eftersom det var höst då mycket folk vill resa. Klockan var mycket när vi kom fram, så vi lade oss direkt.

Morgonen därefter/därpå vaknade jag kl. sju och promenerade med min mamma till templet i närheten. Efter en timme gav vi oss iväg till Naejangsan. Naejangsan är känt för vackra höstlöv så jag såg fram emot ett besök där. Efter en bilresa på tre timmar var vi äntligen framme. Jag blev lite besviken därför att/eftersom det var mindre vackert än jag trott. Jag tog många bilder/fotograferade mycket och tyckte att det var roligt. På vägen hem sov vi utom mamma som körde bil och pappa som pratade med henne för att hålla henne vaken. Jag var trött men det var en bra helg.

## En resa (2)

När jag var i Sverige som utbytesstudent 2017 hann jag resa omkring i de skandinaviska länderna. Jag började resan i Stockholm och sedan åkte jag till Danmark och Norge. Till slut kom jag tillbaka till Sverige.

Första staden som jag kom till var Köpenhamn som är Danmarks huvudstad. Jag minns fortfarande en vacker hamn som heter Nyhavn där det finns många olikfärgade byggnader. Jag gick runt i hamnen, blev imponerad av de gamla gatorna där och köpte en souvenir.

Den bästa platsen på hela resan var Bergen som jag stannade i under tre dagar.* Det var det vackraste stället jag varit på i hela mitt liv. Bergen ligger på Norges västkust och därifrån kan man åka färja eller tåg till olika fjordar. Jag åkte färja till en fjord som kallas Hardangerfjorden. Det var roligt därför att jag kunde höra koreanska när jag steg på färjan. Jag märkte sedan att det fanns många koreanska turister. På fjorden kan man se härlig/vacker natur med klippor, vattenfall och sjöar. Färjan stannade vid en ö, så turisterna kunde promenera omkring lite/så att turisterna kunde promenera omkring lite.

* Den bästa platsen på hela resan var Bergen där jag stannade under/i tre dagar.

## En resa (3)

Den mest minnesvärda resan var när jag reste till Kambodja med två av mina universitetskompisar sommaren 2015. Vintern 2014 blev de och jag färdiga med värnplikten och vi åkte till Sydostasien (i) 19 dagar för att fira det. Jag hoppades på det bästa eftersom det var min första resa.*

* 최고가 되길 희망하다 hoppas på det bästa

När jag gjorde lumpen ville jag väldigt gärna åka till Kambodja därför att jag är mycket intresserad av Angkor Wat. I Siem Reap, en stad i Kambodja, kunde jag besöka lämningarna som fanns överallt.

Varje dag vaknade vi omkring kl. åtta eller nio av fågelsång utanför fönstret. Vi träffade många utländska turister som reste i Kambodja. Efter att vi varit på sightseeing på dagen drack vi öl på kvällen. Ibland satt vi och såg på natthimlen.

Jag var väldigt lycklig. Resan var mycket bra därför att jag var med mina vänner. Jag visste redan innan att de var bra vänner men de visade sig vara mycket bättre än bra. När vi stötte på/mötte olika besvärligheter under resan blev ingen irriterad utan vi försökte att lösa problemen och vara så positiva som möjligt.

Resan blev ett minne för livet och jag vill resa igen med dem någon gång.

## Min framtid (1)

Det är inte enkelt för mig att bestämma vad jag vill göra i framtiden./Jag har svårt att bestämma mig för vad jag vill göra i framtiden. Jag har inte precis bestämt (mig för) vad jag ska göra men jag vill arbeta som tolk i framtiden. Eftersom jag tycker mycket om engelska hoppas jag därför att jag kan tolka från engelska till koreanska eller från koreanska till engelska/vice versa.

Jag vet att det är svårt att bli tolk men jag ska studera så hårt jag kan. Om man/du gör sitt/ditt bästa kan man/du bli vad man/du vill. Jag skulle göra vad som helst för att bli en kompetent/duktig tolk.

När jag (har) blivit tolk vill jag tjäna mycket pengar och bli känd/berömd. Jag vill också hjälpa utländska turister som inte kan tala koreanska. Jag tänker tolka gratis för dem.

## Min framtid (2)

När man är liten har man stora drömmar. När man blir äldre, blir drömmarna mindre. Jag ville bli pianist när jag var liten eftersom jag tyckte om att spela piano. Nu studerar jag skandinaviska språk på universitetet, så jag vill gärna åka till Norden någon gång som utbytesstudent.

Efter examen/ Efter att jag har tagit examen ska jag skaffa ett bra arbete och jag vill gifta mig vid 30 års ålder. Min mans ålder och utseende spelar ingen roll men han ska vara rök- och spritfri. Men det viktigaste är att vi älskar varandra. Jag vill resa på bröllopsresa till Frankrike och ha ett barn, pojke eller flicka/son eller dotter. Jag vill också ha en söt hund. Min drömbostad ligger i staden eftersom det är bekvämt och det finns mycket att göra där.

När jag (har) blivit 60 år vill jag bo på landet där jag kan se havet. Där vill jag bygga ett litet hus och bo med min man. Jag behöver inte vara rik men vill vara frisk och lycklig./vill leva ett friskt och lyckligt liv. Jag vill också att jag och min man älskar varandra hela livet.

## Efter examen (1)

Jag har valt svenska som huvudämne på HUFS för att jag är mycket intresserad av svensk litteratur. Jag har nu läst svenska i 3 år men jag tycker inte att jag är duktig på att tala svenska. När jag har fritid/På fritiden/På min fritid brukar jag promenera eller cykla i parken. Jag tycker också om att umgås med mina vänner.

Vid sidan om universitetsstudierna började jag arbeta som redaktör på ett bokförlag för ett och ett halvt år sedan. Jag redigerar vanligen böcker i filosofi och historia. Nu redigerar jag en kulturhistorisk bok. Jag är nöjd med arbetet och tycker att det är roligt men det är också mycket svårt.

Jag är van vid att höra frågan "Varför har du valt just det här yrket?". Svaret på denna fråga är att jag gillar böcker och att jag är intresserad av att skapa nya saker. Mitt mål är att jag får redigera en intressant och innehållsrik bok som handlar om jämställdhet och mänskliga rättigheter.

Jag har ännu inte avlagt (akademisk) examen. Jag hoppas att jag snart blir klar med utbildningen och kan ta examen.

## Efter examen (2)

Numera tänker jag ofta på/Numera funderar jag ofta över vad jag vill göra efter examen. Ärligt talat har jag ingen idé om vad jag vill bli. Mina jämnåriga vänner har mål om vad de vill bli när de tagit examen. Men jag har inte något mål om vad jag vill bli. Jag vet inte vad jag är bra på att göra. Jag trodde att jag skulle komma på vad jag vill bli när jag började på universitetet.

Jag ska kanske förbereda mig inför ett master-program efter examen. Jag har inte bestämt mig för vilket ämne som jag ska studera och håller fortfarande på att fundera. Jag är lite intresserad av statsvetenskap men jag vill inte ha för bråttom med att bestämma mig. Jag hoppas att jag kan gå min egen väg.

## Min familj

Jag har en liten familj. Mina föräldrar är i samma ålder och min storasyster är tre år äldre än jag/mig.

Min pappa gillar kaffe, så ibland brygger han det. Han vill driva ett kafé efter att han (har) gått i pension. Min mamma är troende kristen. Jag är henne tacksam för att hon alltid ber för familjen. Mina föräldrar tittar på ett operaprogram på fredagskvällar. Då stänger jag dörren till mitt rum eftersom jag inte gillar att lyssna på operamusik. Min storasyster har bott i USA i nästan åtta år så hon talar engelska flytande. Nu undervisar hon i engelska på/vid ett privatinstitut.

Jag har en önskan att resa till Europa med min familj. Jag vill att min mamma ska kunna se det vackra landskapet. Det skulle vara bra om min familj fick underbara minnen från en resa till Europa.

## Min vän (1)

Jag vill skriva om min flickvän.

Vi träffades i en studentklubb på universitetet i våras. Jag var ordförande i klubben och hon var en ny medlem. I början tyckte jag att hon var konstig därför att hon ständigt skickade meddelanden till mig. Dessutom ville hon inte åka hem när hon blev berusad, vilket jag inte tyckte om/avskydde. Jag blev god vän med henne i somras när vi övade/tränade dans tillsammans med andra medlemmar. Vi träffades nästan varje dag och vi drack öl efter övningarna/träningarna/träningspassen. Då fick jag veta att hon var en omtänksam person. Hon tröstade mig mycket när jag hade det svårt. Dessutom hade vi mycket gemensamt, speciellt/särskilt musik och alkoholhaltiga drycker. Jag tyckte först att hon bara var en bra kompis. Men senare märkte jag att jag kände mig ensam utan henne.

Jag insåg att jag älskade henne och vi har ett förhållande med varandra sedan i september. Med henne känner jag mig mycket lycklig. Vi bråkar ibland men vi försöker (att) lösa våra problem tillsammans. Hon är både en bra kompis och min flickvän och jag älskar henne.

## Min vän (2)

I dag vill jag presentera min bäste vän, Billy.

Han och jag är årsbarn och han läser datavetenskap. Jag lärde känna honom på gymnasiet när jag var 17 år gammal. Vi har samma hobbyer och har liknande intressen och smak när det gäller musik och film. I slutet av gymnasiet reste vi med tåg till en stad i Korea. När vi reste/På resan sov vi i tält på natten och gick runt i staden på dagen.

Nu går vi på universitetet på olika ställen. Vi kan inte träffas så ofta men vi talar mycket med varandra i telefon. När jag har det svårt och jag vill träffa honom tycker jag att det är synd att vi bor långt borta från varandra. Jag känner mig på bättre humör bara av att han lyssnar uppmärksamt på mig. Han är numera oroad över/bekymrad för framtiden. Han tänker åka utomlands antingen till USA eller Tyskland för att studera vidare eller arbeta. Det är svårt för honom att bestämma sig men jag tror att han kommer att lyckas oavsett vad som blir hans val.

## Mitt sommar-/vinterlov (1)

Jag studerar svenska på universitetet. Förra året bodde jag ett år i Sverige med arbetssemestervisum. Varje lördag undervisade jag (i) koreanska för svenska studenter på Koreanska skolan i Stockholm. Om jag återvänder till Sverige någon gång vill jag fortsätta (att) lära ut koreanska. Jag har tänkt på hur bra jag undervisade koreanska. Jag planerar att ta kurser inom Koreanska som främmande språk på universitetet medan jag studerar svenska i Korea.

Under sommarlovet tänkte jag resa mycket med mina vänner. Vädret var dock mycket dåligt på grund av regnperioden och tyfoner och coronakrisen inträffade också, så jag var tvungen att stanna hemma. Medan jag tillbringade mer tid hemma upptäckte jag några nya saker som jag kunde göra hemma. Jag hade aldrig spelat gitarr förut men min pappa lärde mig att spela gitarr. Jag började också rita/måla trots att jag aldrig tyckt om att rita/måla. Jag läste också många böcker, inklusive romaner och böcker om samhällsvetenskap. Jag tog också körkort men jag behöver träna mer för att vänja mig vid att köra. Jag arbetade på ett café med en vän. Det var jobbigt men roligt samtidigt. Det viktigaste som hände under sommarlovet är att jag fick en flickvän. Hon är från Sverige och är mycket trevlig. Hon är drivkraften i mitt liv. Det blev en avkopplande sommar på sitt sätt/på sätt och vis.

## Mitt sommar-/vinterlov (2)

I vintras åkte jag till Sverige med en vän för att studera svenska på ett folkuniversitet i Stockholm. I klassen fanns det cirka 12 studenter som kom från olika länder, till exempel Italien, Belgien och USA. De studerade svenska för att leva eller söka arbete i Sverige. Därför var de mycket flitiga. Det var svårt att tala svenska men läraren/en av lärarna var mycket vänlig och det var också studenterna.* Under min vistelse i Sverige träffade jag flera svenskar som hade stort intresse för Korea. De flesta gillade särskilt K-POP och Hangul. Det var roligt att prata med dem eftersom de gillade koreansk kultur. Jag studerade bara en kort tid i Stockholm men jag blev mer intresserad av mitt huvudämne svenska. Jag vill studera det mera någon gång i framtiden.

* 인칭대명사 'det'는 형용사인 vänlig을 지칭한다. 앞 절과 동일한 vara동사가 사용된 것에 유의한다.

Efter kursen i Sverige åkte jag tåg till Danmark och Norge för att resa under två veckor. Båda länderna har vacker/fin natur och intressanta samhällen. Den bästa erfarenheten var att vandra i fjällen i Norge, fast jag blev sjuk dagen efter. Om jag har tid nästa år eller i framtiden vill jag åka till Sverige igen eftersom jag inte åkte runt där.

När jag kom tillbaka till Korea vilade jag en vecka och började förbereda mig inför nästa termin. Med många minnen från Skandinavien tycker jag att vinterlovet var riktigt lyckat.

## Vad är lycka? (1)

En hel del/många människor tycker att man är olycklig på grund av brist på något. Därför tror de att man kan bli lycklig genom att äga saker som man vill ha eller genom att utföra något som man har drömt om. Man känner sig lycklig då. Men den här känslan brukar tyvärr försvinna snart och orsaka ett annat nytt begär. Man lider av att önska något nytt för livet.

Jag tycker att man kan bli lycklig om man försöker att vara nöjd med livet. Man ska tänka på saker som man upplever och människor som man träffar. Det är inte alltid så lätt men alla kan klara av det eftersom det inte behövs pengar. Om man tycker att man inte är lycklig, då ska man fundera på om man tänker på rätt saker.

Det är inget annat än sinnelaget som är viktigt för att vara lycklig. Den som är nöjd med livet kan vara lycklig även om det händer något sorgligt. Den som alltid klagar kan däremot inte vara lycklig oavsett hur bra saker som händer i livet.

## Vad är lycka? (2)

Tidigare trodde jag att jag skulle vara lycklig om jag lyckades väl i mina studier eller min karriär, men nuförtiden tror jag inte att lycka är direkt relaterad till mina framgångar. Jag har insett att när jag känner mig stressad eller pressad av olika saker så blir jag olycklig. Jag tror att stress exempelvis framkallas av för många läxor, osäkerhet om framtiden eller konflikter med andra personer.

Däremot blir jag lycklig när jag pratar med min familj eller mina vänner, lyssnar på klassisk musik eller läser böcker som jag tycker om. Det är inte stora saker som gör mig lycklig.

Vissa tycker att det är viktigt att tjäna mycket pengar eller att uppnå en högre ställning för att känna sig lyckliga men jag är redan nöjd/belåten med vad jag har nu.

Ett bra samhälle spelar en viktig roll för att göra människor lyckliga. Om samhället är orättvist och för konkurrensinriktat kommer de kanske att känna sig bedrövade och odugliga. Det är även viktigt att det finns mångfald i samhället.

## Ett mail/ett brev (1)

Hej Ellen!

Är allt bra med dig och dina föräldrar?

Jag var väldigt glad när jag såg dig på tunnelbane-stationen igår. Det var ett tag sedan vi sågs. Det var tråkigt att jag inte hann prata med dig. Jag var försenad till lektionen så jag kunde inte fråga hur du har haft det den senaste tiden. Jag hörde att du hade fullt upp med att förbereda dig inför prov för att kunna bli tjänsteman. Hur gick det? Jag hoppas att du har klarat det.

För min del planerar jag att ta en sabbatstermin i sommar. Medan jag arbetar (på) deltid vill jag tänka på vad jag ska göra med mitt liv i framtiden. Om du har tid och lust vill jag gärna träffa dig. Vad sägs om nästa månad? Ge mig några förslag som passar (dig)./när det kan passa dig.* Vi ses snart.

Ha det bra till dess och hälsa dina föräldrar!

* Ge mig några förslag när det passar dig./när du har tid.

Många hälsningar

Stina

## Ett mail/ett brev (2)

Käre/Bäste pappa!

Jag gratulerar dig på födelsedagen./Stort grattis på födelsedagen!

Jag vill passa på att tacka dig för ditt stöd. Tack vare dig och mamma kan jag ägna mig åt studierna på universitetet utan några bekymmer. Ni har stöttat/stött mig på många sätt under hela mitt liv. Jag borde ha uttryckt min tacksamhet till er för det men det kunde jag inte göra eftersom jag är för blyg för att uttrycka mina känslor. Jag ska försöka förbättra mig. Tack än(nu) en gång för allting!

Jag skickade en liten födelsedagspresent till dig för några dagar sedan. Du kommer nog att få den idag. Jag hoppas att du tycker om den. Om du inte gillar den kan du byta den i varuhuset mot en annan vara utan kvitto. Ha en fantastisk dag i dag! Jag kommer att besöka dig nästa helg. Vi ses snart.

Puss och kram

Din dotter Min-Ha

## Ett mail/ett brev (3)

Hej!

Jag heter Noah Johansson och är en ensamstående man på trettio år som söker bostad i Stockholms innerstad eller dess närområde. Jag är främst intresserad av en lägenhet med ett längre andrahandskontrakt. Men även lediga rum är av intresse. Jag bor för närvarande i andra hand på Kungsholmen men mitt kontrakt går snart ut och därför är jag i behov av en annan bostad snarast.

Jag är en lugn och skötsam person. Jag röker inte och har inga husdjur. Jag är bibliotekarie och min inkomst är för närvarande ca 25 000 kr i månaden och jag har möjlighet att betala en hyra på cirka 9 000 kr per månad. Jag har goda referenser från min nuvarande hyresvärd.

Kontakta gärna mig om ni har en ledig bostad!

Med vänliga hälsningar

Noah Johansson

E-post: noah.johansson@coolmail.com

Telefonnummer:

## Kan killar och tjejer vara vänner? (1)

Jag tror att killar och tjejer bara kan vara vänner när de är barn. Vanligtvis är deras föräldrar också vänner. Barn blir vänner naturligt eftersom deras föräldrar umgås tillsammans.

Däremot blir det svårare när man blir äldre. Jag vet inte varför. Jag känner så utifrån min egen erfarenhet. Ju äldre jag blir desto svårare blir det att bli vän med killar. Förra terminen började en manlig vän till mig tycka om mig. När jag inte visade några kärlekskänslor fjärmade han sig från mig. Nu har vi ingen kontakt med varandra. Det är svårt för mig att omvandla en vänrelation till ett (kärleks)förhållande. Därför tror jag att jag inte kan bli vän med killar längre.

Killar och tjejer brukar bli ett par om de blir vänner när de är vuxna. Jag har sett det många gånger. En av mina vänner blev vän med en tjej som studerar samma huvudämne. Han umgicks med henne varje dag. Jag frågade honom om han dejtade henne. Han svarade att de bara var vänner. Till slut blev de ett par. Därför tror jag inte att killar och tjejer kan vara vänner.

## Kan killar och tjejer vara vänner? (2)

Jag tror att killar och tjejer kan vara vänner. Jag tycker att kön inte är viktigt. Det finns många saker som är viktigare än kön. När man träffar någon är det exempelvis väldigt viktigt att man känner sig bekväm. Det har ingenting att göra med kön utan med personlighet. Jag har många vänner som har bra vänrelationer med tjejer. Somliga säger att killar och tjejer inte kan vara vänner eftersom de inte har något gemensamt. Jag tycker också att det är svårt att vara vän med någon som jag inte har något gemensamt med. Det beror dock inte på kön att man inte har något gemensamt med andra. En kille kan ha inget gemensamt med en annan kille och detsamma gäller för tjejer. När man skaffar vänner söker man inte någon som har samma kön utan man söker någon som passar en.

Om man tror att man inte kan vara vän med någon av det motsatta könet minskar det chanserna att träffa goda vänner. Man kan också se världen från ett nytt perspektiv genom vänner av det andra könet eftersom man kan uppleva saker på ett annat sätt.

Några av mina vänner säger att killar och tjejer inte kan vara vänner eftersom de som först var vänner sedan brukar bli ett par/ihop. Eftersom gränsen mellan vänskap och kärlek är suddig verkar det som om vänner ofta blir ett par. Gemensamt för både vänskap och kärlek är att man vill äta god mat tillsammans och åka till ett fint ställe tillsammans. Vad är skillnaden mellan vänskap och kärlek då? Det vet jag inte. Andra vänner säger att killar och tjejer inte kan vara vänner eftersom det är riktigt svårt att skilja mellan vänskap och kärlek.* Enligt dem kan de vara vänner om de drar en gräns och håller gränsen väl. Jag vet inte exakt var gränsen mellan vänskap och kärlek går. I alla fall tror jag att killar och tjejer kan vara vänner. Om de verkligen vill förbli vänner måste de hålla gränsen. Det viktigaste är att om man har en flickvän/pojkvän bör man prioritera denna/denne.

* 다른 의견을 가지고 있는 친구들 andra vänner

## 3. 고쳐쓰기 | Rättningsövningar

1.

Hana Kim är en tjugoårig tjej som kommer från Dangjin. Hon studerar svenska och spanska på universitetet. Under sommarlovet arbetade hon deltid. Ju mer hon arbetade, desto tröttare blev hon. Hon undrade om pengar är viktigare än henne själv.* Hon kände att hon inte hade tid för sig själv. Vad är livet?

* henne 다음에 강조어구 själv 첨가

2.

Jag är född i Yangpyeong som ligger nära Söul. För tre veckor sedan reste jag ensam till Sverige. Jag försökte (att) prata svenska men det var mycket svårt. Under Chuseokhelgen ska min familj resa till Kina men det vill jag inte därför att jag inte tycker om kinesisk mat. Jag vill åka till Europa. Jag arbetar nu (vid sidan av studierna) för att kunna köpa flygbiljetter.

3.

Mitt husdjur är en hund som heter Hoppsan. Hoppsan väger fyra och ett halvt kilo/4,5 kg och är lite tjockare än andra hundar. Hoppsan är vit. Därför liknar Hoppsan en isbjörn. Jag promenerar med Hoppsan efter skolan varje dag men det är lite tröttsamt. Hoppsan är mycket söt.

4.

Det finns några ägg, majs, skinka, ost och majonnäs i mitt kylskåp. Jag tänker göra en macka till mellanmål med dessa ingredienser. Jag knäcker ett ägg i en het stekpanna och steker det och två skivor skinka. Sedan blandar jag lite majs i majonnäs för att bre på ett bröd. Men då kommer jag ihåg att jag inte har något bröd. Jag blir besviken och mer hungrig.*

* 형용사 비교급: hungrig – hungrigare/mer hungrig

5.

Jag tänkte på vad jag skulle göra om jag såg 50 000 won som låg på marken. Först skulle jag se mig om. Om det inte fanns några människor skulle jag ta upp den/sedeln. Sedan skulle jag gå till banken. Jag skulle spara den/sedeln/pengarna för att åka till ön Jeju.

6.

Jag går inte till sängs förrän jag har blivit sömnig. Därför brukar jag somna lätt. När jag inte kan sova tittar jag på en film eller läser en bok. Jag räknar också från ett till tusen. Då somnar jag snabbt/inom kort.

7.

Lägenheten som jag bor i har tre våningar/Min lägenhet ligger i ett hus som har tre våningar och jag bor på andra våningen. Jag flyttade dit/hit i år. Min lilla lägenhet har en veranda och två fönster. Ibland kommer det in insekter, vilket gör att jag känner mig förskräckligt rädd/vilket gör mig förskräckligt rädd. Framför min lägenhet bor en familj men jag vet inte vilka som bor bredvid mig.

8.

Det var länge sedan jag reste utomlands med min familj. Vi åkte (senast) till Fukuoka där det var varmare än i Korea. Det hölls en fyrverkerifestival i Nagasaki, så vi åkte dit. Det var så roligt att vi vill/ville resa dit i vinter igen.

9.

På lördagarna sover jag två timmar längre än vanligt. Jag träffar min pojkvän varannan lördag. Vi tycker om att resa till platser/ställen där vi aldrig har varit förut. När jag inte träffar honom lagar jag mat och bjuder mina vänner på den. På kvällen pratar jag i telefon med min pojkvän i timtal. Vi pratar om vad vi gjort under dagen.

10.

Eftersom jag somnar/lägger mig sent på natten försover jag mig ofta. Jag gör läxor eller tittar på en tv-serie varje kväll/natt. Det är en mycket dålig vana, så jag tycker att jag borde gå till sängs/lägga mig tidigt i stället.

Nu tittar jag på Sherlock och skådespelarnas brittiska accent är attraktiv. Under dagen tillbringar jag tid med min familj. Det är roligt. Men min bror gör militärtjänst, så han är inte hemma. Jag är ledsen att min bror inte är här.

11.

Min familj, som jag älskar mest (av allt), består av fyra personer. Det är (min) pappa, (min) mamma, min bror och jag.

Min pappa är 54 år gammal och han är pensionär. Han arbetade på XX Bank så han var alltid trött när han kom hem från banken. När han var ung var han fattig och han var tvungen att arbeta för att tjäna pengar medan han studerade. Min mamma är 49 år gammal och hon är hemmafru. Hon är en vis kvinna och hon ger mig alltid olika råd. Tidvis grälar vi om olika saker men efteråt brukar jag förstå att hennes råd är riktiga. Jag tycker att hon utgör/är en väsentlig del av mitt liv.

Uppriktigt sagt är jag tacksam för mina föräldrar. När jag haft någonting som jag vill göra så tror de alltid på mig om jag har en plan och en vilja.* Min bror tänker likadant. Han specialiserar sig på konst och jag tycker om hans tavlor därför att de reflekterar de hårda förhållanden som dagens ungdomar har. Jag hoppas att han fortsätter att måla tavlor.

* 대명부사 så: 종속절로 문장이 시작될 경우, 주절 앞에 så가 자주 첨가된다.

## 12.

För två år sedan reste jag igenom hela Europa med tåg. Jag tror att det är den bästa resan (som) jag har gjort under hela mitt liv. När jag reste fokuserade jag på att möta lokalinvånare och uppleva andra kulturer. Därför valde jag att resa i östra Europa där det inte är så många koreaner (som har varit). Till exempel i Turkiet, Rumänien och Bulgarien har det inte varit så många koreaner, så lokalinvånarna blev intresserade av mig. Det hjälpte mig att skaffa nya vänner.

Det mest minnesvärda på resan var när jag blev inbjuden av vänner som bor i Istanbul. Maten och kulturen var exotiska och intressanta där. Då pågick den muslimska högtiden/helgen "ramadan" och på natten njöt alla av högtiden/helgen. Att bjuda folk är en av traditionerna under ramadan./Det hör till en av traditionerna under ramadan att bjuda folk.

Serbien var också en av de mest minnesvärda platserna under resan. Där finns det många byggnader som är sönderbombade. Det fick mig att känna krigets fasa.

## 13.

Jag är mycket lycklig. Jag har trevliga föräldrar och roliga vänner. Jag tycker att jag inte har någonting övrigt att önska.

På grund av covid-19 kan jag sällan träffa mina föräldrar men de ringer mycket och har mig i åtanke hela tiden. Jag kan känna deras kärlek till mig, så jag är lycklig. Mina föräldrar säger att de är lyckliga av att bara se mig le.

En hel del gillar inte att åka till universitetet för att ha lektioner men jag tycker om det. Att ha lektioner med mina vänner gör mig glad/får mig på gott humör./Det får mig på gott humör att ha lektioner med mina vänner. Särskilt tycker jag bäst/mest om svensk(a)lektionerna, för då kan jag träffa min pojkvän. Efter lektionerna promenerar vi nära universitetet. Varje gång jag träffar honom blir jag lycklig. Naturligtvis är jag lycklig när jag uppnår något fantastiskt eller när något bra händer men jag föredrar något mindre som jag kan känna oftare. Då kan jag bli lycklig varje dag. För hans del är den lyckligaste tiden hans lönedag, men han säger att han också är tillräckligt glad när han tar en promenad och äter glass med mig.

## 14.

Idag gick jag till tandläkaren idag eftersom jag hade haft ont i tänderna sedan igår. Vanligtvis har jag en spansklektion till kl. tolv men jag gick hem i stället för att vara på lektionen. Efter det att jag hade ätit en lätt lunch borstade jag tänderna ordentligt.

Jag sökte efter en tandläkare nära mitt hus med hjälp av en mobilapp. Jag hittade/fann en populär tandläkare så jag gick dit. Tandläkaren var snygg och snäll. Han frågade mig om mitt huvudämne och jag svarade att jag studerade svenska. "Du är den första studenten från institutionen för skandinaviska språk som jag har", sade han. Sedan sade han också att min visdomstand växte snett så att han måste dra ut den. Jag blev ledsen därför att man brukar säga att det gör mycket ont. Usch! Jag vill verkligen inte tänka på det.

## 15.

Eftersom jag avslutade värnplikten i december, hade jag ingenting att göra. Jag ville därför hjälpa (min) pappa och (min) mamma. På morgnarna gick jag till min pappas verkstad och hjälpte honom med datorn. Han tyckte att det var jätteroligt eftersom han då lättare kunde göra/utföra sitt jobb med bilar. Jag städade också på verkstaden/hans verkstad och dess/verkstadens toalett och tittade på vad han gjorde och hur han tjänade pengar. Jag blev lite ledsen eftersom jag insåg hur svårt arbetet var och hur dum jag hade varit före/innan militärtjänsten.

Det var verkligen en rolig tid för mig. Kanske kommer jag också att bli pappa, men kan jag bli en lika bra pappa som han? Jag hoppas det. Jag gick hem på kvällarna. Eftersom min mamma brukar gå till kyrkan på kvällarna lagade jag middag själv. Jag brukade laga pasta med räkor eller sallad med fläsk och majonnäs. När hon kom tillbaka från kyrkan åt hon det jag lagat och blev jätteglad. Sedan sade hon "Nu klarar du att leva ensam". Jag blev också glad då.

Medan jag var hemifrån under en lång tid för att studera på universitetet och för att göra militärtjänst tänkte jag inte mycket på min familj. Men medan jag var med min familj förstod jag hur värdefulla de är. Det var den bästa vintern i mitt liv därför att jag var med min familj.

## 16.

Min favoritfilm är "Letters to Juliet" som är en amerikansk film. Jag tittade på filmen för sex år sedan med min mamma och min syster. Jag har tittat på den över tio gånger och har den på dvd. Jag har också filmmusiken. En berömd skådespelerska, Amanda Seyfried, spelar huvudrollen 'Sophie'. Hon arbetar med faktakontroll åt en tidning men hon vill bli författare. Hon har en pojkvän, Victor, som är en passionerad kock.

En dag åker de till Italien men Victor är bara intresserad av sin restaurang. Därför bestämmer de sig för att resa separat och Sophie möter Juliets sekreterare i Verona. Juliets sekreterare är en tjänsteman i Verona och han svarar på brev från människor som har kärleksproblem. Hon bestämmer sig för att svara på breven tillsammans med sekreteraren under resan.

En dag upptäcker hon ett brev som skrevs för 50 år sedan och hon besvarar det. Några dagar senare får de besök av en gammal kvinna som har skrivit brevet. Kvinnan säger att hon kommit till Italien för att möta sin gamle pojkvän och Sophie reser tillsammans med henne och hennes sonson och hon börjar skriva en roman om resan.

Jag ser på filmen när jag känner mig tungsint. När mina vänner ber mig att rekommendera filmer säger jag "Du måste se Letters to Juliet". Städerna i filmen som Verona och Siena är väldigt vackra och musiken i filmen är också bra. Jag ska resa till Europa denna vinter och jag har bestämt mig för att åka till Verona och Siena. Jag vill se de vackra platser som visades i filmen, gå på gatorna och lyssna på musiken från filmen. Jag vill se filmen igen nu när jag skriver det här.

## 17.

Telefonsamtal mellan mamma och dotter som är utbytesstudent i Sverige

A: Hallå. Det är ~~din~~ mamma. Hur är **det** med dig?

B: ~~Jag mår bra.~~ **Bra, tack!**

A: Jag ringde ~~igår~~ flera gånger **i går** men du svarade inte.

B: Jag var ute hela dagen.

A: När ~~du~~ kom **du** hem?

B: Jag kom hem ungefär kl. 12.

A: Jaså, vad ~~konstig~~ **konstigt (det är)**! Jag ringde vid 12. Då ~~du~~ var **du** ~~ändå~~ inte hemma **ännu**.

B: Jag kommer inte ihåg men jag kom hem före 12. Det är sant. Du måste lita på mig.

**A:** Har du glömt vad jag ~~sagt~~ **sade** till dig innan du åkte till Sverige? Du måste vara hemma före 12. Jag är orolig för dig jämt. Du bör inte gå **ut** så sent på kvällarna. Det är farligt. Om du gör **det igen,** får du inte pengar av mig.

**B:** Förlåt! I går hade vi en fest. Det var så svårt att komma hem tidigt. ~~Från och med nästa gång~~ **Hädanefter** ska jag komma hem före 12. Det lovar jag. Förresten, varför ringde du?

**A:** Ja, just det. Jag vill skicka något till dig om det ~~finns~~ **är** något som du saknar.

**B:** ~~Det finns.~~ **Ja, det är det.** Det är bara dig som jag saknar.

**A:** Jag kan inte skicka mig själv. Vill du ha något annat?

**B:** Då vill jag ha en kokbok, snabbnudlar och ~~sommar kläder~~ **sommarkläder**.

**A:** Okej! Det ska jag ~~göra~~ **skicka** snart.* Ingenting annat?

**B:** Hm mamma! Du behöver inte ringa så ofta. Det kostar mycket. I stället kan vi skriva.

**A:** Du behöver inte oroa dig ~~om~~ **för** pengar. Det är pappa och jag som betalar.

**B.** Okej!

**A:** ~~Din~~ pappa hälsar så mycket. Han ~~är upptagen med att titta~~ **sitter och tittar** på tv.

**B:** Hälsa honom! Ha det så bra! Hej då!

**A:** Sköt om dig. Hej hej!

* 불특정 명사 (예, en kokbok, snabbnuddlar)에는 det가, 특정명사 (예, min kokbok, snabbnudlarna)에는 de이 사용된다.

**18.** Askungen

Det var en gång en kung som hade en jättevacker prinsessa. Efter en tid dog kungens fru. Sedan gifte kungen om sig och fick två styvdöttrar genom äktenskapet. Den nya drottningen var svartsjuk på prinsessans skönhet. Hon och hennes döttrar var elaka mot prinsessan. Prinsessan kallades för Askungen.

Askungens styvmor och hennes styvsystrar hörde att en bal skulle äga rum i tre dagar. Slutligen ägde balen rum hos en prins som bodde nära. Askungen ville gärna delta i balen men det kunde hon inte. Efter det att/Sedan styvsystrarna hade åkt iväg till balen sprang Askungen till vinden där hon bodde och grät.

Plötsligt dök hennes gudmor upp. Gudmodern sade till Askungen att hon också skulle få följa med på balen. Sedan bad gudmodern att Askungen skulle hämta en pumpa och några möss. Pumpan blev en vagn och mössen förvandlades till hästar. Därefter/Efter det/Sedan sade Askungen till gudmodern att hon inte kunde gå till balen i sina trasiga och smutsiga kläder. Hon hjälpte Askungen att få fina kläder. Till slut fick hon åka till balen.

När klockan slog tolv var Askungen redan hemma. Då kom systrarna hem och berättade hur roligt de haft på balen och att de fått gåvor av en vacker och god prinsessa som de inte kände. Följande dag gick de på balen igen och träffade den okända prinsessan igen.

# III 실용 글쓰기 Praktiska övningar

## 1. 자기소개서/지원서 Personligt brev

### Personligt brev (1)

Bästa ○○○,

Hej! Jag heter Hannah Park. När jag såg er annons om tjänsten på arkitektkontoret AA tänkte jag att jag var rätt person för företaget, så jag bestämde mig för att söka. Jag tog examen från Institutionen för arkitektur vid BB universitet och tjänsten skulle därför vara en utmärkt möjlighet för mig att tillämpa de kunskaper och färdigheter som jag skaffade mig under utbildningen.

Min främsta styrka är att jag är tolerant. När jag var utbytesstudent i USA insåg jag att min engelska var dålig och att jag hade en snäv syn på världen. Därför förlängde jag min utbytesperiod och gick kurser om kultur och mångfald samt arkitektur (under/i) ett år. Genom dessa kurser lärde jag mig inte bara engelska, utan insåg också hur respekt och tolerans för mångfald kan ha en positiv effekt på människor. Jag har därför blivit en tolerant person som ser saker ur olika perspektiv. Jag tror därför att jag lever upp till företagets mångfalds- och toleranspolicy.

För det andra är jag en ordentlig person som alltid gör mitt bästa i mitt arbete. Medan jag gick på universitetet jobbade jag i en stor klädbutik i stan. Det var ett kortvarigt jobb under ett halvår, men även där koncentrerade jag mig på det uppdrag jag anförtrotts och presterade väl. Jag ändrade om i butiken för att skapa ett bekvämt utrymme och ordnade en fotozon nära kläder med vackra färger så att butiken naturligt kunde få (mer) publicitet på sociala medier. Jag är en arbetsfokuserad person som alltid tänker på effektivitet och innovation i vilket arbete jag än gör. Jag tror att detta är en egenskap som kommer att vara en viktig del av arbetet på ert företag.

Slutligen tror jag att vi alla blir glada när vi känner att vi hjälper samhället. Det fanns en tid när jag var likgiltig för allting. Vid den tiden råkade jag jobba på supportavdelningen på universitetet. Medan jag hjälpte människor under den här tiden märkte jag att det verkligen gör mig lycklig att kunna hjälpa andra på något sätt.

Jag vill hjälpa det här samhället, mina kollegor och företaget med arkitektur. Hoppas att jag har fångat ert intresse och att jag får möjligheten att berätta mer i/under en intervju. Tveka inte att höra av er om ni har några frågor.

Med vänliga hälsningar

Hannah Park

Ansökan till tjänsten som fondförvaltare på XXX kapitalförvaltare

### Personligt brev (2)

**Ansökan till tjänsten som fondförvaltare på XXX kapitalförvaltare**

Bästa ○○○,

Jag ansöker efter att ha sett er annons om att ni letar efter rätt person för jobbet att upptäcka nya företag att lägga till er portfolio. Jag har mycket kunskap inom redovisning och företagsekonomi och jag har också stor erfarenhet av företagsanalys. Därför ansöker jag för att jag tror att det här jobbet kommer att passa mig.

Jag har en kandidatexamen i företagsekonomi från HUFS. Jag har lärt mig mycket om strategier för ekonomisk förvaltning, marknadsföring och supply chain management för framgångsrika företag. Denna kunskap har gett mig förmågan att hitta bra företag att satsa på. Jag har revisorslicens. Utifrån mina kunskaper i redovisning har jag kunnat hitta företag som var undervärderade och hade god kassagenererande kraft. Jag har också framgångsrikt arbetat som halvledaranalytiker för JP Morgan i 3 år. Jag tror att mina goda erfarenheter därifrån kommer att vara till stor hjälp i arbetet med att upptäcka utmärkta företag med dolda värden.

Hoppas att jag har fångat ert intresse och att jag får möjligheten att berätta mer i/under en intervju. Tveka inte att höra av er om ni har några frågor.

Med vänliga hälsningar

Sangsoo Lee

## 2. 요약문 Sammanfattningar

### "Den ryska invasionen av Ukraina sätter press på västerländska mat- och dryckesjättar att dra sig tillbaka från Ryssland."

McDonald's och Coca-Cola kritiseras i sociala medier för att de fortsätter att verka i Ryssland utan att nämna den ryska invasionen. Andra kända västerländska företag, som KFC, Pepsi, Starbucks och Burger King, uppmanas också att stänga sina butiker/restauranger i Ryssland eller sluta sälja sina varor till Ryssland. De flesta företag förblir dock tysta om frågan. KFC, Pepsi, Starbucks och Burger King tackade också nej till förfrågningar om en intervju från BBC. Alla företag som BBC har velat intervjua har många butiker i Ryssland.

KFC, en snabbmatskedja, hade cirka 1000 restauranger i Ryssland förra året. Förra året tillkännagav man som mål att öppna 100 nya restauranger varje år. Enligt den senaste informationen på McDonald's hemsida finns det för närvarande 847 McDonald's-restauranger i Ryssland. Medan de flesta McDonald's-restauranger runt om i världen verkar i form av franchisetagare, sköts de flesta McDonald's-restauranger i Ryssland direkt av huvudkontoret. Både McDonald's och Pepsi, som har ökat sin närvaro i Ryssland i/under decennier, blev kritiserade av staten New Yorks pensionsfond.

"Världen kommer att utvärdera företag olika beroende på vad de gör under dessa omständigheter/situationer," sade Ian Peters, vd för International Business Ethics Institute (IBE) i England. Peters rådde också: "Företag måste alltid se den större bilden, och det är bättre att sträva efter rätt sak genom att tänka långsiktigt." Han sade att de flesta företag borde ha riktlinjer, som den så kallade "etiska kompassen", som de använder för att fatta viktiga beslut.

Samtidigt sade Cleo Acribo, professor i affärsetik vid Henry Business School i England, att livsmedels- och dryckesföretag kan ha/få det svårare att fatta beslut i den här situationen än företag inom andra sektorer, till exempel konsultföretag. "Om sanktionerna ska beröva ryska medborgare tillgång till basvaror och värdighet måste de vara försiktigare", tillade han.

### I artikeln 'America has plan to throttle Chinese chipmakers' i tidskriften The Economist skriver reportern XXX om konflikten mellan USA och Kina angående strategisk teknik.*

* 서두에 글의 출처를 표시하는 요약문을 referat이라 한다.

Konflikten mellan USA och Kina om kontroll över tekniken har gjort regeringar runt om i världen mer medvetna om den strategiska betydelsen av chiptillverkning. Betydelsen av utrustningen som används för att tillverka chip erkänns nu också.

Den kinesiska regeringen strävar efter att utveckla en stor och avancerad halvledarindustri på hemmaplan. Kina är definitivt/säkerligen/utan tvekan den största marknaden för halvledarföretag i USA och Kina får en fjärdedel av de globala intäkterna från denna industri. Detta nya beroende har skapat politiska och kommersiella problem. USA:s mest avancerade teknologi stödjer Kinas ekonomiska mål.

USA:s regering som länge har sökt lösningar på detta obekväma problem placerade Smic, Kinas ledande chiptillverkare, på en svart lista för export. Den kinesiska regeringen började hitta vägar till icke-amerikanska företag/andra företag än amerikanska. Vissa människor oroar sig för att det kan leda till att USA tappar tekniskt ledarskap inom halvledarindustrin.

USA försöker tillåta export av annan utrustning, dvs utrustning som inte används för produktion/tillverkning av avancerade/toppmoderna halvledare. Med olika straffåtgärder försöker man få USA:s allierade att införa samma exportkontroller för sina tillverkare. Chansen för detta har ökat efter Rysslands attack på Ukraina.

Det kan visa sig vara svårt att bestämma vilken utrustning som kan fortsätta att exporteras till Kina. Men om åtgärderna fungerar skulle kinesiska chiptillverkare behöva årtionden för att komma ikapp USA.

## 3. 주장문 Debatttexter

### Straffet för ungdomsbrott bör skärpas.

Vi ser många fruktansvärda ungdomsbrott i nyheterna nu för tiden. Många har utsatts för brott som är så brutala och hänsynslösa att det är svårt att tro att de har begåtts av små barn. Enligt polisen har ungdomsbrotten ökat kraftigt i antal, vilket följande siffror visar: 6 576 ungdomsbrott år 2016, 7 533 år 2017,

7 364 år 2018, 8 615 år 2019 och 9 606 år 2020. Det är en ökning med 46 % under de senaste fyra åren.

Fallen av missbruk av de lindriga ungdomspåföljderna ökar. Ungdomar som begår brott är ofta medvetna om att de kommer att få mildare straff. De begår våldsbrott utan rädsla för straff. Förra året inträffade en incident i Daegu där tre högstadieelever hotade en restaurangägare och förstörde hans möbler. De struntade i restaurangägarens varning om att ringa polisen och sade att "Vi hamnar/sätts inte i fängelse även om vi mördar människor."

Vi måste skydda potentiella offer för ungdomsbrott. Enligt polisen är återfallsfrekvensen för ungdomsbrott cirka tre gånger så stor som vid andra brott. Många goda medborgare riskerar att bli deras offer. Långvarig isolering av ungdomsbrottslingar från samhället genom stränga straff är sättet att förhindra återfall i brott.

Vissa säger att unga människor begår brott på grund av sitt bristande etiska omdöme, så lätta straff är nödvändiga för att skydda deras mänskliga rättigheter. De förbiser det faktum att offrens mänskliga rättigheter är viktigare än förövarnas. Många offer lider fortfarande efter att ha blivit utsatta för ungdomsbrott. Jag tror att skyddet av dem är ett stort mål för det straffrättsliga systemet. Det är nödvändigt att utarbeta ett reformprogram för ungdomsbrottslingar och sociala stödåtgärder för god uppfostran, men det är viktigare att förebygga deras brott först.

Privata vedergällningsbrott kan öka på grund av milda straff för ungdomsbrott. Straff tjänar till att förhindra privata repressalier och upprätthålla social ordning genom att straffa brottslingar. Självklart kan privata vedergällningar inte motiveras, men hämndbrotten från offrens familjer ökar på grund av milda straff för ungdomsbrott.

## Det är ännu för tidigt att stänga kärnkraftverk i Sverige.

Sedan 1980-talet har Sverige genom en folkom-röstning börjat avveckla sin kärnkraft. Men jag tycker att Sverige fortfarande behöver behålla kärnkraften.

För det första är kärnkraft en ekonomisk energikälla.* Energimängden som kan produceras från 1kg uran motsvarar energin i 3000 ton kol. Kärnkraft är den mest kostnadseffektiva energikällan.** Eftersom uran är jämnt fördelat över världen påverkas tillgången inte nämnvärt av världssituationen.

* 일반적인 의미로 사용된 kärnkraft/vinkraft는 무관사이다.

** Kärnkraft är mest kostnadseffektivt.

För det andra kan kärnkraft bidra till att minska kolförbrukningen i grannländerna. För några år sedan importerade Sverige energi från Tyskland och Danmark, som vanligtvis får sin energi från fossila bränslen. Om man därför först utvecklar en stabil energiproduktion som inte är baserad på kol och hjälper grannländerna att bli oberoende av fossila bränslen skulle det vara riktigt miljövänligt och förhindra klimatförändringarna.

För det tredje kan vindkraft inte ersätta kärnkraft. Många tycker att man bör öka vindkraft i stället för kärnkraft. Vindkraft verkar vara miljövänligt. Men det är olönsamt med vindkraft på grund av dess mycket höga underhållskostnader.* Vindkraft påverkas också mycket av vädret. Därför är det inte effektivt/bra att använda vindkraft som huvudsaklig energikälla. Kärnkraft som är stabilare/stabilt är mycket bättre eftersom en instabil energiproduktion kan skapa stora kriser för ekonomin och folks liv.

Kärnkraft har naturligtvis sina begränsningar. Men jag tror att det är bättre att fortsätta med kärnkraft för miljön och för folket. Först efter att metoder för energiproduktion som är mer ekonomiska och stabilare än kärnkraft har utvecklats bör kärnkraftsavveckling påbörjas.

* 주어가 집합적인 의미로 사용될 때 형용사는 ett 명사 단수 부정형 활용을 한다. 이때 주어는 무관사이다. Vindkraft är olönsam-t. (= Det är olönsamt att använda vindkraft).

# 스웨덴어 쓰기


**초판 1쇄 발행** 2023년 9월 30일
**초판 2쇄 발행** 2024년 4월 1일

| | |
|---|---|
| **지은이** | 박현숙 |
| **발행인** | 박연관 |
| **기획** | 신선호 |
| **편집장** | 장혜정 |
| **도서편집** | 박미현 |
| **디자인** | 최재영 |
| **인사행정** | 이근영 |
| **재무회계** | 김문규 |
| **전자책·사전** | 이지현 |
| **캐릭터** | 변혜준 |
| **발행처** | 한국외국어대학교 지식출판콘텐츠원<br>02450 서울특별시 동대문구 이문로 107<br>전화 02)2173-2494~7<br>FAX 02)2173-3363<br>홈페이지 http://press.hufs.ac.kr<br>전자우편 press@hufs.ac.kr<br>출판등록 제6-6호(1969. 4. 30) |
| **인쇄·제본** | (주)파일투프린트 02)2285-0620 |

ISBN 979-11-5901-885-5 [13750]　　정가: 19,000원


* 잘못된 책은 교환하여 드립니다.



---

HUiNE 은 한국외국어대학교출판부의 어학도서, 사회과학도서, 지역학 도서 Sub Brand 이다. 한국외대의 영문명인 HUFS, 현명한 국제전문가 양성(International+Intelligent)의 의미를 담고 있으며, 휴인(携引)의 뜻인 '이끌다, 끌고 나가다'라는 의미처럼 출판계를 이끄는 리더로서, 혁신의 이미지를 담고 있다.